베스트북에서 찾아낸 휴마니타스 지혜 240가지

쉿! 나를 깨우세요

베스트북에서 찾아낸
휴마니타스 지혜 240가지

쉿! 나를 깨우세요

최영환 · 김창수 저

RITEC
CONTENTS

이해할 수 없으면 곱씹고,

그래도 이해하지 못하다면 생각하지 마라.

언젠간 기억이 그것을 이해시킬 것이다.

아프가니스탄 곳곳에서 총탄이 빗발치고, 지진이 일어난 듯 아프간 전역을 굉음이 뒤흔들고 있었습니다. 그때, 미국 CNN 방송의 한 여기자가 아프가니스탄의 작은 마을을 방문했습니다. 전쟁의 한복판에 있다는 것이 도저히 믿어지지 않을 만큼 그곳 사람들은 평화롭게 자신의 할 일을 하고 있었습니다. 여기자는 오히려 그 모습이 무서울 만큼 매우 여유롭게 양을 치고 있는 목동에게 다가가 인터뷰를 하였습니다.

"What are you doing now?" 그러자 목동이 대답했습니다. "열심히 일을 하고 있다." 기자는 다시 질문했습니다. "열심히 일해서 무엇을 할 것인가요?" 다시 목동은 대답했습니다. "돈을 많이 벌기 위해서 열심히 일한다." 그러자 "그럼 돈을 많이 벌어서 무엇을 할 것인가요?" 기자는 질문했습니다. 그러자 목동은 "그 돈으로 예쁜 부인을 얻고 아이도 많이 낳을 것이다."라고 했습니다. 목동의 대답이 신기했던 기자는 그럼 아이를 낳아서 무엇을 시킬 것인지 물었습니다. 그러자 목동은 한참이나 골똘히 생각하고는 확신에 찬 답변을 했습니다. "나처럼 목동을 시키겠다!"

전쟁의 포화 속에서도 목동이 살아가는 이유는 일을 열심히 해서 돈을 많이 벌고, 부인을 얻고, 아이를 낳고, 그 아이가 다시 목동으로 살길 바라서 일 것입니다. 특정한 한 사람의 삶이 아니라 우리들 대부분이 이렇듯 반복적인 삶을 살아가고 있습니다. 아마도 20년 후 그 여기자가 목동의 아이를 인터뷰하게 된다면 아버지의 답변과 크게 다르지 않을 것입니다.

우리의 삶도 이와 다를 바 없습니다. 대부분의 사람들이 아침에 일어나 직장에 갑니다. 직장을 가는 이유는 일반적으로 생계에 필요한 돈을 벌기 위한 것입니다. 어느 정도 돈이 모이면 결혼을 합니다. 그리고 아이를 낳습니다. 그다음에는 아이를 키우고, 공부시키기 위해 헌신적으로 뒷바라지합니다. 본인이 거쳐 온 것처럼 좋은 학교, 좋은 직장, 좋은 배필을 만나기 바라는 마음입니다. 그런 바람 덕분에 아이의 아이도 비슷한 삶을 살 것입니다. 아프가니스탄의 목동의 삶과 이 시대를 사는 우리의 삶도 무의식적 반복이라는 측면에서 매우 흡사합니다.

이렇듯 현재를 살고 있는 사람이라면 다람쥐 쳇바퀴 돌듯이 돌아가는 일상의 시간과 공간, 늘 우리 곁에 존재하는 경쟁자, 돌아보기조차 싫은 냉혹한 현실, 21세기 최고의 산업의 풍요 속에 아이러니한 인간가치 빈곤의 한계를 경험하고 있습니다. 이렇게 대면한 현실에 인문학적 지혜는 새로운 판단력과 통찰력을 기르게 하는 힘의 원동력이 되어 우리들의 삶을 좀 더 창조적인 풍요로 이끌어 줄 수

있을 것입니다. 삶의 근본적인 변화는 사람과 사물의 본질을 꿰뚫는 지혜가 있을
때 생겨납니다. 이를 얻기 위해서는 인문학적 지혜와 자주 만나야 합니다. 그래
야 당대 최고 인재들의 사상과 노하우가 담긴 보물을 훔쳐낼 수 있습니다.

이 책에 실은 글들은 나의 벗인 최영환 공동 저자가 5년 동안 지인과 고객에게
매주 월요일 아침에 Mail on Monday의 제목으로 보낸 Mail과 본인이 짧지 않은
기간 동안 인문학 서적을 통해 얻은 Humanitas(인문학의 라틴어 어원 '인간다움')
Message 즉, 삶과 인생 그리고 재테크 등 관점 변화를 통한 근본적인 삶의 변화
를 가져올 수 있는 지혜를 모아둔 것을 새롭게 엮은 것입니다.

이 책을 정독하는 이는 반드시 혜안慧眼을 얻을 수 있을 것이며, 소중한 이에게
선물하면 주는 이의 가치도 빛나게 해 줄 것입니다.

역삼동에서 저자 김 창 수

차 례

1강 – 동기 부여하기

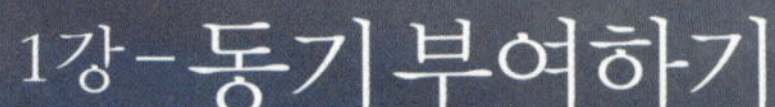

흔들리지 않기 ㅣ 꿈 실현하기 ㅣ 숙명 키워드 ㅣ 긍정 편향 ㅣ '싫다'고 말하는 용기 ㅣ 끈질겨라 ㅣ
깨달음에 도전하라 ㅣ 리마커블 ㅣ 혼자 걷지 않기 ㅣ 나 되기 ㅣ 성공 준비 ㅣ 10년 재능 ㅣ
시작 습관 ㅣ 가짜 장미 꺾기 ㅣ 나를 이겨라 ㅣ 마음 열기 ㅣ 모르고 살아라 ㅣ 자기 놓아 보기 ㅣ
준비된 나 ㅣ 매일매일의 삶이 두근거리나요?

흔들리지 않기 · · ·

사람은 자신이 작아 보일 때 우울하고 분노한다. 하지만 쑥 자라서 커진 자신을 발견했을 때는 더 이상 작은 일로 분노하거나 우울해지지 않는다. 귀찮게 구는 작은 개를 슬며시 피해버렸던 큰 개처럼 어른다운 너그러움으로 세상을 대하게 된다.

— 이무석, 〈30년만의 휴식〉 중에서

우리의 자아는 다른 사람들과의 비교를 통해 정체성을 찾으려고 합니다. 자신보다 높은 사람들을 비방하여 끌어내림으로써 상대적으로 자신을 높입니다. 자기 주변의 뛰어난 사람이 마치 자신인 양 자랑하며 다른 사람들보다 우월해지려고도 합니다. 하지만 이것은 진정한 자기 모습이 아닙니다. 나의 자아가 그로 인해 위치가 높아지거나 고귀하게 바뀌는 것이 아니기 때문입니다.

나는 나입니다. 이 세상 단 하나뿐인 소중한 존재입니다. 부족하고 작더라도 나의 참모습을 있는 그대로 바라볼 때 나의 마음은 외부와의 비교에 흔들리지 않을 수 있습니다. 또한 다른 사람을 하나의 소중한 존재로 인정할 수 있습니다. 이것이 바로 큰마음이요 자유로운 마음입니다. 이런 마음속에 진정한 평화와 휴식이 찾아옵니다. 우리의 마음도 깊어지는 시간을 가져보면 좋겠습니다.

꿈 실현하기 · · ·

꿈을 실현하는 사람과 그렇지 못한 사람의 차이는 그 사람의 역량이 다르다는 것에 있다. 꿈을 실현하지 못하는 사람은 자신의 꿈을 담을 역량을 만들지 못한 사람이다. 역량이란 기회가 왔을 때 그것을 받아들이는 그릇을 말한다. 꿈을 이루려면 그릇이 필요하다.

— 오하라 케이코, 〈부자가 되는 15가지 사소한 습관〉 중에서

기회는 준비된 사람에게 찾아온다고 합니다. 꿈이란 한순간에 이루어지는 것이 아닙니다. 꿈을 이룬 사람은 현재의 모습만 보기 때문에 과거에 어떤 노력을 했는가는 간과할 수 있습니다. 하지만 끊임없는 노력을 통해 역량을 만들었기 때문에 기회가 왔을 때 그것을 잡아 꿈을 이룬 것입니다. 그런 역량이 없다면 아무리 좋은 기회가 찾아와도 잡을 수 없습니다.

우리가 꿈을 꾼다는 것은 미래에 대한 희망을 갖는다는 것입니다. 그리고 그런 꿈이 없다면 현재를 건강하게 살아갈 수 없습니다. 하루하루가 고된 나날이 될 것입니다. 꿈은 이루어진다는 희망이 있습니다. 하지만 그 꿈을 이루는 것은 어느 누구도 아닌 우리 자신입니다. 다른 사람이 꿈을 대신 꾸어주고 대신 이루어주는 것은 없습니다. 꿈은 노력이 필요한 희망입니다. 막연한 것을 바라는 것이 아닌 우리의 머리와 손과 발이 이루는 것입니다. 밤에 꿈을 꾸었나요? 낮에는 열심히 달리세요.

숙명 키워드 · · ·

당신도 당신의 인생을 걸 단 하나의 숙명적인 키워드를 찾아라. 가치관, 시대정신, 재능, 소명감, 자아상, 그리고 당신이 만들고 싶은 세상을 하나의 단어에 모두 응축시키고 집약하라. 가슴 뛰게 하는 단 하나의 키워드, 그것은 20년 이상을 투자해도 아깝지 않을 만큼 결정적이고 숙명적인 것이어야 한다. 결말이 어떻게 나든 그 키워드를 붙들고 있다는 사실 자체만으로도 가슴이 설레야 한다.

— 강헌구, 〈가슴 뛰는 삶〉 중에서

누구에게나 인생에 대한 세 가지 큰 고민이 있습니다. "나는 누구인가?", "나는 어떤 사람이 될 것인가?", "나는 무슨 일을 할 것인가?" 입니다. 물론 해결책이 있습니다. 나의 참 모습을 발견하고, 되고 싶은 사람, 하고 싶은 일을 정하면 됩니다. 이 세 가지를 하나로 묶는 단 하나의 키워드를 찾는다면 그것이 바로 우리의 '숙명'일 것입니다. 이는 우리가 반드시 될 수밖에 없고 또 그렇게 되어야만 하는 것을 나타내주는 최적의 단어입니다.

미리 본 나의 미래가 명확하다면 가슴이 설렐 것입니다. 그리고 우리를 움직일 것입니다. 그것은 이미 결정되어 있는 결과일 수 있지만 가만히 있으면 이룰 수 없게 됩니다. 이룰 것을 확신하고 달려가는 즐거움, 그것이 바로 숙명적인 키워드가 주는 꿈과 희망이 아닐까요? 단 한 번의 인생, 많은 것을 이룰 수 있지만 한 가지도 이루지 못할 수도 있습니다. 하나라도 이루려면 지금 그것을 찾아 단 하나의 목표로 삼으세요. 그리고 그것을 향해 달려가세요.

긍정 편향 · · ·

부정적인 생각은 왜 그토록 우리의 정신을 빨리 장악할까? 본능적으로 두뇌의 설계가 그렇게 되어 있기 때문이다.(중략)

머나먼 과거 원시 시대 사람들은 자손들을 길러 낼 만큼 오래 생존하기 위해서 이빨이 칼처럼 날카로운 호랑이에게 먹히는 등의 위험을 피해야 했고, 긍정적인 사건보다는 잠재적인 위협에 훨씬 더 주의를 기울여야 했다.

— 마시 시모프 · 캐럴 클라인, 〈이유 없이 행복하라〉 중에서

부정적인 생각은 긍정적인 생각보다 더 오래 기억에 남아 우리를 괴롭힙니다. 잠재적인 위험이 없음에도 불구하고 우리의 뇌 속에 원시적인 뇌의 구조가 남아 있기 때문입니다. 우리의 뇌에는 위협적인 사건에 주의하고 그것에 대한 반응을 조절하는 영역이 폭넓게 자리잡고 있습니다. 긍정적인 감정이나 사고를 관장하는 뇌의 부분은 상대적으로 영역이 좁기 때문에 좋은 일은 더 빨리 잊혀집니다.

우리의 마음은 뇌의 영역 차이로 인해 편향적 지배를 받습니다. 부정 편향의 비중이 더 큽니다. 하지만 긍정적인 생각에 집중하는 훈련으로 긍정 편향의 습관을 만들 수 있습니다. 어떤 사고나 행동이 습관화된다는 것은 우리의 뇌가 변화된다는 것입니다. 이는 원시적인 뇌의 구조를 현대적인 구조로 변화시키는 것이 가능하다는 뜻입니다. 원시인으로 살 건가요? 현대인으로 살 건가요? 현대인으로 살고 싶다면 이제 자신의 뇌를 리모델링해 보세요. 일단 뇌가 긍정적으로 변하면 그 후의 마음과 행동은 저절로 긍정 편향이 될 것입니다.

'싫다'고 말하는 용기 · · ·

자신의 정신적인 건강과 행복을 위해서는 필요할 때 "싫다!"고 말할 수 있어야 한다. 그리고 그에 대해 미안해하지 말아야 한다. "싫다"고 말해야 할 때 "좋다"고 말하다 보면 결국은 분노와 우울증에 빠져들게 된다. 우리는 스스로 자신의 인생을 조절할 수 있다고 믿는 만큼 행복을 느끼며 자신의 인생을 조절한다는 것은 싫다고 말해야 할 때 싫다고 말할 수 있는 것을 의미한다.

— 앤드류 매튜스, 〈관계의 달인〉 중에서

원활한 인간관계를 위해서는 다른 사람의 요구를 적극적으로 들어주는 것이 필요합니다. 하지만 그 일이 마음에서 우러나오거나 꼭 나를 필요로 하는 일이 아니라면 일방적인 희생일 뿐입니다. 상대방이 그런 상황을 알 수 없기 때문에 한 사람으로부터 같은 일이 반복될 수도 있습니다. 한 번 "좋다"고 한 일을 다음에 "싫다"고 하기는 더욱 어렵기 때문입니다. 그로 인해 안타깝게 인간관계가 깨질 수도 있습니다. 그렇기에 가장 가까운 사람이라도 들어줄 일과 그렇지 않은 일은 반드시 구분해야 합니다.

공동체 의식이 강한 우리나라 사회에서 친한 사람끼리 부탁하는 일을 거절한다는 것은 쉽지 않습니다. 하지만 "싫다"고 말하는 단 한 번의 용기 있는 행동이 좋은 인간관계를 만드는 시초가 될 수 있습니다. 상대방이 이를 받아들인다면 그만큼 나를 존중한다는 의미이고 원활한 인간관계는 상호존중이 기본이기 때문입니다. 다음에는 '싫을' 때 꼭 한 번 "싫다"고 말해보세요.

끈질겨라 · · ·

조직이든 개인이든 경쟁에서 성공하는 가장 궁극적인 성공조건은 한 가지 계획을 전심전력을 다해 실행하는 것이다. 현재 당신 앞에 놓인 가장 큰 도전거리는 새로운 계획을 만들어내는 일이 아니다. 오히려 현재의 계획을 고수하고 끈질기게 물고 늘어져야 한다.

— 리 J. 콜란, 〈끈질김이 이끄는 성공〉 중에서

성공은 멋진 계획에서 출발했다기보다는 끈질긴 실행에서 멋진 결과가 나온 것입니다. 아무리 좋은 계획이라도 그 계획을 세우는 데에만 시간을 허비하고 실행에 옮기지 못한다면 아무 소용이 없습니다. 그러니 계획을 세우기 위해 너무 많은 노력을 들일 필요가 없습니다. 실행에 그 시간을 투자해야 합니다. 그리고 끈질기게 실행을 이어가는 노력을 해야 합니다. 결과를 만들어내는 사람은 좋은 계획을 세운 사람이 아니라 끝까지 계획을 실행한 사람입니다.

좋은 계획은 결과로서만 평가되는 것입니다. 계획이 완벽해도 실행이 제대로 되지 않으면 결과를 만들어낼 수 없기 때문입니다. 계획은 엉성해도 빨리 실행에 옮기고 부족한 부분을 실행과정에서 보완해 간다면 좋은 결과를 얻을 수 있습니다. 많은 사람들이 연초에 거창한 계획을 세우지만 막상 실천은 제대로 못하는 경우가 많습니다. 1년은커녕 작심삼일입니다. 계획에서 A^+를 받으시겠습니까? 결과에서 A^+를 받으시겠습니까?

깨달음에 도전하라 · · ·

해답이 없는 물음을 가지고 고민합니다. 그것은 결국 젊기 때문에 가능하다고 생각합니다. 달관한 어른이라면 그런 일은 애초에 시작도 하지 않습니다. 따라서 나는 청춘이란 한 점 의혹도 없을 때까지 본질의 의미를 묻는 것이라고 생각합니다. 그것이 자기에게 도움이 되든 그렇지 않든, 사회에 이익이 되든 그렇지 않든 '알고 싶다'는 자기의 내면에서 솟아나는 갈망과 같은 것을 솔직하게 따르는 것이라고 생각합니다.

— 강상중, 〈고민하는 힘〉 중에서

우리는 사는 동안 달관의 경지에 이를 수 있을까요? 일부 영역에 대해서는 그럴 수 있겠지만 모든 것을 깨달을 순 없습니다. 꼭 청춘이 아니더라도 본질에 대한 의문은 가질 수 있습니다. 고민해야 할 문제는 얼마든지 많습니다. 그리고 나이가 들면서 삶의 경험이 쌓이기 때문에 문제의 답을 찾는 능력은 자연스레 커집니다. 중요한 것은 고민의 끈을 놓지 않아야 한다는 것입니다.

우리가 인생의 본질에 대한 순수한 질문을 멈출 때 비로소 청춘은 끝이 납니다. 현대에서 청춘의 의미는 좀 더 정신적으로 인식되어야 합니다. 100세 장수시대를 바라보는 지금 물리적인 나이는 중요하지 않습니다. '언제나 청춘'은 신체적으로 건강해야 하겠지만 정신적으로도 끊임없이 깨달음에 도전하는 것이어야 완전한 의미를 가질 수 있습니다. 인생의 어느 시기를 지나고 있나요? 영원한 청춘 시대를 살고 싶나요? 끊임없이 질문하고 탐구하세요. 그것이 멈추지 않는 한 우리는 분명히 청춘입니다.

리마커블 · · ·

‘남들과 다르다’는 이유만으로 꼭 필요한 사람이 되는 것은 아니다. 하지만 꼭 필요한 사람이 되는 유일한 방법은 남들과 달라지는 것이다. 남들과 다를 것이 없다면, 무수한 사람들 중 한 명일뿐이기 때문이다.

— 세스 고딘, 〈린치핀: 당신은 꼭 필요한 사람인가?〉 중에서

내가 원하는 것을 얻기 위해서는 남들과 같아서는 안 됩니다. 남들과 비슷해 보인다면 특별한 일을 맡기 쉽지 않을 것이고, 혹시 맡더라도 나만 가능한 것이 아닌 남들도 가능한 일반적인 것을 얻게 될 것입니다. 원하는 일이 있다면 어떻게든 자신이 그 일에 적합한 사람임을 보여주세요. 여러 사람 중에서 눈에 띄도록 자신을 포장해서 알려야 합니다. 물론 포장에 허세와 거짓이 있어서는 안 됩니다.

유일한 기회를 잡기 위해서는 먼저 내가 준비되어 있어야 합니다. 나 자신을 누구도 대신할 수 없는 존재로 만들어 놓는 것입니다. 그것을 위해 타고난 재능이 필요한 것은 아닙니다. 원하는 일을 위해 피나는 학습과 훈련이면 충분합니다. 그리고 누구도 생각하지 않은 일을 미리 준비해 놓았을 때 나는 특별한 사람, 나아가 유일한 사람이 될 수 있습니다. 최고는 언제든지 빼앗길 수 있는 자리지만 유일한 사람의 자리는 누구도 대신할 수 없습니다. 원하는 일이 있으세요? 미리 준비하세요. 나중에 후회의 눈물을 흘리고 싶지 않다면 지금부터 피와 땀을 아끼지 마세요.

혼자 걷지 않기 · · ·

어디론가 영원히 먼 길을 떠난다고 생각해 보십시오. 오직 한 사람만 동행할 수 있다면, 그 길을 누구와 함께 떠날 것인가요? 이렇게 소중한 사람에게 나는 정말 소중한 만큼 잘 대해주고 있는가요? 그만큼 나의 시간과 정성과 노력을 기울이고 있는가요? 바쁘다는 핑계로 차일피일 미루고 있는 건 없는지요? 멀리 있는 인연에게 한눈팔려 정작 가장 가까운 인연을 간과하고 있는 것은 아닌지요?

— 월호, 〈언젠가 이 세상에 없을 당신을 사랑합니다〉 중에서

나의 인생은 누가 대신 살아주는 것이 아닙니다. 홀로 걸어가야 하는 길이기에 외로운 길입니다. 하지만 그 길을 같이 걸어주는 사람이 있다면 결코 외롭지 않을 것입니다. 지금 외롭지 않다면 함께 걷고 있는 사람이 곁에 있다는 뜻이기도 합니다. 그 사람이 누구든지 처음에는 서로 지극 정성을 다했을 것입니다. 어쩌면 함께 한 세월이 길어 자연스럽게 친밀해졌을 수도 있습니다.

세상에 태어난 이상 우리는 이미 먼 길을 떠난 것입니다. 옆에 함께 떠날 사람이 있나요? 그 사람은 우리를 대신하지는 않아도 우리와 기쁨도, 슬픔도, 즐거움도, 괴로움도 함께 나누는 사람입니다. 그래서 우리는 외롭지 않습니다. 하지만 그가 옆에 있는 것이 맞나요? 혹시 우리의 소홀함으로 그가 외로움을 겪고 있는 것은 아닐까요? 그와 함께 끝까지 가려면 다시 손을 내미세요. 시간과 정성을 다해 그의 소중함에 감사하세요.

나 되기 · · ·

자기답게 살기 위한 가장 좋은 방법은 '「좋은 사람 되기」를 그만둘 것' '타인의 기대에 부응하는 일을 단념할 것', 이 두 가지다. 단도직입적으로 말해 '사람들의 기대에 부응하는 것이 가장 의미 있다'라는 생각을 버리고 '내 인생의 주인공은 나'라고 확실히 인식한다. 이것이 자기다운 인생을 창조하기 위한 첫걸음이다.

— 모로토미 요시히코, 〈행운에도 법칙이 있다〉 중에서

핑계 없는 무덤이 없다고 했습니다. 그 핑계는 다른 누가 어떻게 해서, 상황이 안 좋아서, 운이 나빠서 등 다양할 것입니다. 하지만 자기의 잘못을 인정하는 사람은 거의 없다는 것입니다. 그것은 철저하게 자신의 인생을 살지 못했기 때문이 아닐까요? 남에게 잘 보이려고 가식적으로 살고. 다른 사람이 바라는 대로 행동하고. 그 속에서 나의 모습, 나의 인생은 없어집니다. 그리고 잘못되었을 때 바로 그 남 탓을 하게 되는 것입니다.

고인이 된 애플사의 CEO 스티브 잡스는 스탠포드대학 연설에서 죽음에 관하여 이야기하면서 시간은 제한되어 있으니 남의 인생을 사느라 시간을 낭비하지 말라고 했습니다. 그 또한 자신의 인생을 살았습니다. 그리고 다른 사람들을 위해서도 살았습니다. 단, 그 인생은 자신의 순수한 가치를 다른 사람들을 위해 쓴 것이지 자신의 가치를 버리고 다른 사람들의 인생을 대신 살아준 것이 아닙니다. 이제 남의 눈치를 보지 마세요. 다른 사람에게 잘 보이려고 하지 마세요. 대신 철저하게 나로 살아가세요. 그것이 다른 사람들에게 더 인정 받고 핑계 없는 무덤의 주인이 되는 길입니다.

성공 준비 · · ·

무엇인가를 손에 넣기 전에는, 반드시 그를 위한 준비를 해야 합니다. 인생이란 보다 큰 것을 향해 가기 위한 준비의 연속입니다.

모세는 80년을 걸려 준비했고, 40년을 소비하며 일했습니다. 예수는 3년을 위해 30년을 준비했습니다. 그러나 우리 대부분은 '당신도 5분이면 할 수 있다'와 같은 교재로 준비를 하려 듭니다.

— 랠프 팔레트, 〈위대한 역경〉 중에서

광속의 시대입니다. 무엇이든 빨리빨리 진행되고 원하는 것을 빨리 얻을 수 있습니다. 하지만 인간의 성장은 하루아침에 되는 것이 아닙니다. 어머니 뱃속에서 10개월, 혼자 살아갈 수 있을 때까지 몇 년을 보호받고 양육되어야 합니다. 그리고 공부하는 데 또 몇 년을 보냅니다. 하나의 성인으로 성장하기까지 수십 년의 세월을 보냅니다. 그런데 성인이 되면 지나온 이 과정을 잊어버립니다. 마치 자기가 하루아침에 어른이 된 것처럼 행동합니다. 자신이 원하는 바를 빨리 쉽게 얻으려고 하는 것입니다.

세상에는 공짜가 없습니다. 아무런 준비도 하지 않은 사람에게 그냥 주어지는 것은 없습니다. '매일 1분이면 OK!', '일주일에 정복하는 ○○○' 등은 바쁜 현대인에게 빨리 성공할 수 있는 안내서인 양 열심히 떠듭니다. 하지만 성공은 느림보입니다. 결코, 빠르게 움직이지 않습니다. 그렇기 때문에 빨리 서두르는 사람은 보지 못합니다. 힘들다고, 급하다고 트랙을 가로질러가지 마세요. 아무리 멀고 험난해도 꾸준히 준비하면서 갈 때 성공의 결승선은 눈앞에 나타날 것입니다.

10년 재능 · · ·

자기 스스로나 다른 사람을 향해 어떤 일에 재능이 있다거나 없다고들 평가한다. 하지만 어떤 일이든 10년 동안 꾸준히 했다면 재능이 있다는 증거다. 좋아하지 않았다면, 적성에 맞지 않았다면 도저히 10년이라는 긴 세월 동안 계속할 수 없었기 때문이다.

— 니시타니 쇼우지, 〈인생 넘지 못할 벽은 없다〉 중에서

'10년 법칙'을 아시나요? 어떤 일이든 10년을 하면 재능이 생긴다고 합니다. 재능이 있어서 10년을 했든지 10년 동안 일을 해서 재능이 생겼든지 중요한 것은 재능이 아니라 10년이라는 기간입니다. 10년 동안 어떤 일을 꾸준히 할 수 있다면 그 일에서 큰 성취를 이룰 수 있기 때문입니다. 모든 성공의 비밀은 이것저것 하거나 여러모로 박식한 것보다는 한 가지 일을 꾸준히 하는 데 있다는 것입니다.

나에게는 아무 재능이 없다고 한탄만 하고 있을 건가요? 재능을 찾기보다는 내가 좋아하는 일, 적성에 맞는 일을 먼저 찾아야 합니다. 그리고 그 일을 시작해서 꾸준히 하다 보면 재능도 발견하고 없던 재능도 생길 수 있는 것입니다. 성공으로 가는 방법은 결코 어렵지 않습니다. 단, 공짜는 아닙니다. 긴 세월 동안 큰 대가를 지불해가며 멈추지 않고 달린다면 목적지에 도착할 수 있습니다.

시작 습관 · · ·

도전은 언제 시작하고 기다려야 하는지를 아는 능력을 완성하는 데 있지 않다. 그보다는 시작하는 습관을 들이는 데 있다.

당신의 마지막 시도는 언제였는가? 지금 시작하지 않으면 누군가가 시작해 버릴 것이다. 떠오르는 순간 바로 시작하라. 서둘러라!

— 세스 고딘, 〈시작하는 습관〉 중에서

어떤 일을 시작하는 데 있어 결심이 서지 않은 것undecided과 우유부단indecisive 은 전혀 다른 일입니다. 전자는 단지 정보부족이나 준비부족으로 결정을 보류하고 있는 상태이고, 후자는 어떠한 상황에서도 결정을 내리지 못하는 성격적 결함입니다. 우유부단은 시작한 것을 끝내지 못할 것이라는 두려움 때문일 수 있습니다. 하지만 성공은 끝내지 못한 수많은 실패를 거름으로 하여 맺어진 열매입니다. 시작이 없으면 실패도 성공도 없습니다.

사람이기 때문에 시작할 때와 끝낼 때, 기다려야 할 때를 정확하게 아는 것은 불가능합니다. 불가능에 도전하기보다는 두려움을 극복하는 것이 더 쉽지 않을까요? 작은 일부터 바로 시작해 보는 습관을 들인다면 큰일도 어렵지 않게 시작할 수 있습니다. 큰일을 바로 하는 것이 아니기 때문입니다. 사실은 큰일도 작은 일들로 이루어져 있습니다. 지금 망설이고 있는 일이 있나요? 지금 당장 시작하세요. 시작한 일은 그전과 다른 크기로 보일 것입니다.

가짜 장미 꺾기 · · ·

장미꽃만 피는 세상은 끔찍하다. 가짜 장미로 가득한 세상은 더 끔찍하다. 아무리 장미 흉내를 내고 장미 향수를 뿌려도 가짜는 가짜다. 남을 속이고, 나도 속아 넘어갈 수 있지만 가짜는 결국 가짜다. 가짜로 사는 삶은 허무하다. 자기 삶이 아닌데, 자기 안에 가짜 장미만 있는데 어찌 허무하지 않을까.

— 김영권, 〈삶에게 묻지 말고 삶의 물음에 답하라〉 중에서

민들레, 호박꽃은 자신에 대해 불평하지 않습니다. 오직 인간만이 예쁜 장미가 되고 싶어 합니다. 장미가 아니면서 장미가 되려고 욕심을 부리는 것입니다. 가짜 장미, 가짜 인생을 사는 것인 셈입니다. 호박에 줄 긋는다고 수박이 될 수 있나요? 가짜는 진짜가 될 수 없습니다. 내가 내가 아닌 남이 될 수는 없습니다. 그런데도 사람들은 자기의 삶이 아닌 그저 좋아 보이는 남의 삶을 살려고 가짜 흉내를 내고 있는 것입니다.

세상에는 많은 꽃이 있습니다. 장미만 가득한 세상이라면 과연 얼마나 아름다울까요? 아마도 다양한 꽃을 보는 즐거움은 포기해야 할 것입니다. 사람도 마찬가지입니다. 누구나 자기만의 아름다운 향기와 멋을 낼 수 있습니다. 이제 내가 진짜 어떤 꽃인지를 깨달아야 합니다. 그리고 그 꽃으로 살아가야 합니다. 그러면 호박꽃이 지고 호박이 열리듯이 나만의 열매를 세상에 내어놓을 수 있을 것입니다.

나를 이겨라 · · ·

"다른 사람들이 어떻게 행동하는가를 아는 것은 정보를 얻는 것이지만 자기 자신을 아는 것은 지혜를 얻는 것이다. 다른 사람들의 삶을 통제하는 것은 세력을 얻는 것이지만 나 자신의 삶을 제어하는 것은 참된 힘을 얻는 것이다."

— 윤은기, 〈귀인(貴人)〉 중에서

자신에게 가장 무서운 적은 바로 자신 안에 있습니다. 건강을 위해 아침 일찍 일어나 조깅을 하려고 합니다. 아무도 일찍 일어나는 것을 막을 수 없습니다. 아무도 밖으로 나가는 것을 막을 수 없습니다. 아무도 뛰는 것을 막을 수 없습니다. 추위나 비바람도 뛰는 우리를 멈추게 할 수 없습니다. 이 모든 것을 막을 수 있는 것은 오직 자신뿐입니다.

자신을 통제하기 위해서는 자기 자신을 바로 알아야 합니다. 알지도 못하는 것을 마음대로 부릴 수는 없습니다. 걷지도 못하는 사람이 뛰려고 해서는 안 됩니다. 자신을 바로 알 때 비로소 자신이 할 수 있는 것을 할 수 있게 됩니다. 다시 말하면 나를 올바르게 사용하라는 것입니다. 그럼으로써 자신을 제대로 다스릴 수 있게 되는 것입니다. 자신을 다스리는 사람은 남을 다스릴 수 있습니다. 그리고 세상을 다스릴 수 있습니다. 무엇이 여러분을 가로막고 있나요? 자신을 다스리는 지혜와 힘을 얻는다면 세상에 그 무엇도 두려울 것이 없을 것입니다. 아무도 우리를 막을 수 없을 것입니다. 나를 이기세요. 그리고 세상을 이기세요.

마음 열기 · · ·

혼자서 고민을 안고 사는 것은 스트레스를 지속시키는 일이다. 즐거움을 나누는 것처럼 괴로움을 터 놓고 얘기하게 되면, 스트레스는 경감되어 생활을 바꾸는 방향도 발견할 수 있을 것이다. 정신적 스트레스를 제거하기 위해서는 우선 마음을 열어야 한다. 이것은 스스로 할 수밖에 없는 일이다.

— 아보 도오루, 〈몸의 혁명〉 중에서

마음의 병은 혼자 있으면 더 깊어집니다. 나쁜 생각이 마음속에 자리 잡고 있기 때문에 좋은 생각이 비집고 들어가기 어렵습니다. 그리고 그 나쁜 생각이 또 다른 나쁜 생각을 낳기 때문에 병세가 악화되는 것입니다. 세상에 혼자 있다는 느낌이 강해지면 극단적인 선택도 할 수 있습니다. 그래서 고민이 있으면 최대한 빨리 다른 사람과 터놓고 얘기하는 것이 중요합니다. 다른 사람에게 전달받는 감정으로 인해 소외감과 스트레스에서 벗어날 수 있기 때문입니다.

개그맨은 다른 직업을 가진 사람들에 비해 상대적으로 자살률이 매우 낮습니다. 그들이 대부분 평소에 밝고 긍정적인 마음으로 여러 사람들과 함께 지내기 때문입니다. 몸의 병과 같이 우울증 같은 마음의 병도 예방이 중요합니다. 긍정적인 생각을 많이 하고 긍정적인 사람들과 많이 만나고 많이 웃으면서 살아야 합니다. 그리고 작은 고민이라도 생기면 바로 가까운 사람과 얘기하는 것이 좋습니다. 때가 늦으면 얘기만으로는 해결할 수 없기 때문입니다.

모르고 살아라 · · ·

답을 알아내는 것보다는 문제를 해결하는 것이 흥미롭다.
마술의 기술이 공개되면 그것은 마법을 잃는다.
누가 이길지 안다면 축구 게임은 전혀 흥미롭지 않을 것이다.
일부 사람들은 성공을 거두고 거기에 만족하고 산다.
계속 모르고 살아가는 자가 진정한 행운아다.

— 폴 아덴, 〈생각을 뒤집어라〉 중에서

한 편의 영화는 끝까지 보아야 결말을 알 수 있고 거기까지 가는 과정에서 보는 재미를 느끼게 됩니다. 그런데 영화 내용을 사전에 공개해 재미를 떨어뜨리는 것을 스포일러spoiler 라고 합니다. 특히 마지막까지 반전이 묘미인 영화는 스포일러로 인해 완전히 망쳐 버리게 합니다. 우리가 살아가는 인생도 그 내용을 미리 알아 버린다면 흥미롭고 경이로운 경험은 반감될 것입니다. 물론 현실은 영화와 달라서 결말을 모르기 때문에 때로는 불안을 느끼기도 합니다.

미래가 불안한 사람들이 찾는 것이 있습니다. 바로 점占입니다. 사주, 관상, 성명학 등 다양합니다. 근래에는 타로점이라는 서양식 점보기가 젊은이들 사이에서 유행입니다. 그들도 그만큼 미래에 대해 불안해한다는 것을 반증합니다. 하지만 어느 누구도 미래를 정확하게 예견할 수는 없습니다. 만약 그런 사람이 있다면 그가 바로 스포일러가 아닐까요? 다양한 가능성이 배제되고 아는 결말을 향해 가는 인생은 재미도 없고 결코 행복하지도 않을 것입니다. 그러니 엉뚱한 데 의지하지 말고 모르고 사는 것에서 재미와 행복을 느껴보는 건 어떨까요?

자기 놓아 보기 · · ·

오늘은 조금이나마 자기를 놓아 보내기로 하자. 생각이 자신에게로 되돌아 올 때마다 외부의 일에 관심을 기울여보자. 해야 할 일과 다른 사람들이 필요로 하는 것들, 세상에 대한 감사 및 외부 세계에서 일어나는 긍정적인 일들을 생각하자.

— 드류 레더, 〈나를 사랑하는 기술〉 중에서

자신을 진정으로 위하는 사람은 남을 위할 줄 아는 사람입니다. 남을 위하면 그들도 우리를 좋아하고 위해 줍니다. 따로 시간을 내어 자신을 놓고 남과 외부 세계에 대해 생각할 일이 아닙니다. 나를 아침 잠자리에 놓고 일어나 하루를 시작한다면 집에 돌아올 때는 많은 것을 얻어 올 것입니다. 나만 생각하지 않고 나만 주장하지 않고 항상 남을 먼저 세운다면 내 것을 잃기보다는 상대방에게 얻는 것이 더 많게 되는 것입니다.

다른 사람에 대한 진정한 배려는 그를 사랑하고 존중함으로써 가능합니다. 그러기 위해서 우리는 먼저 나를 사랑하고 존중할 줄 알아야 합니다. 나 자신을 아무렇지도 않게 생각하면서 항상 남보다 앞세우려고 하고 남보다 좋은 것을 차지하려고 하는 것이 인간의 본성입니다. 하지만 진정으로 자신을 사랑하고 존중하는 사람은 다른 사람에게도 그렇게 대하게 됩니다. 많이 주는 사람이 많이 받는다는 것을 너무도 잘 알기 때문입니다. 이제부터는 자신을 놓아보고 그 위에 남을 올려놓아 보세요.

준비된 나 · · ·

"현재 당신의 위치가 영원할 것이라고 생각하지 말라. 항상 눈을 뜨고 기회가 찾아왔을 때 도움이 될 자질을 자신의 인간성에 추가하라. 언제 어느 때 기회가 찾아와도 당황하지 않도록 항상 준비해 두어라. 사람은 자기 마음에 그린 것을 끌어당긴다는 것을 잊지 말라. 당신이 기회를 찾는다면, 분명히 찾아진다."

— 데론 Q. 듀몬, 〈집중의 법칙〉 중에서

우리나라 역사상 가장 준비에 철저했던 위인이라고 하면 단연 이순신 장군을 꼽겠습니다. 장군의 임진왜란기간 7년 동안 전적이 23전23승입니다. 이는 치밀한 전략과 철저한 준비가 없었으면 불가능했을 것입니다. 한 가지 증거로 바닷가 활터가 있습니다. 활 쏘는 곳과 바다를 사이에 두고 과녁을 설치한 연습장이 지금까지 남아 있습니다. 장군은 실전으로 단련된 왜군과의 근접 칼 싸움을 피하기 위해 활 싸움을 준비했습니다. 바다에서는 착시가 발생하기 때문에 정확한 거리산정을 위해 미리 비슷한 환경을 준비해 군사들을 훈련시킨 것입니다.

행운은 준비된 자에게 온다고 합니다. 성공한 사람들은 한결같이 단지 운이 좋았을 뿐이라고 겸손하게 말합니다. 하지만 그들의 성공의 이면에는 피나는 노력과 철저한 준비가 있었습니다. 그것이 행운이라는 포장지에 싸여 성공이라는 선물로 그들에게 주어진 것입니다. 혹시 지금 물건도 없이 포장지만 찾고 있지는 않나요?

매일매일의 삶이 두근거리나요? ···

책임감 있는 사람은 자신이 좋아하는 것을 찾아 그것만을 추구한다. 자신에게 열정을 불러일으킬 불씨는 외부에 있지 않고 내면 깊은 곳에 있기 때문이다. 세상에 태어나 꿈을 좇는 일이야 말로 가장 훌륭한 책임의 형태이며 기적의 원동력이다. 우리에게는 본능적으로 좋아하는 것을 좇으려는 욕구가 있고, 그 안에 자신의 '존재 의의'가 있다. 자신의 흥미와 욕구를 깨닫고 그것을 살려 마침내 사회와 인류에게 공헌하는 일. 그것이 바로 이 세상을 살아가는 당신의 존재 의의다.

— 마이크 맥매너스, 〈가슴 두근거리는 삶을 살아라〉 중에서

여러분은 제목을 보고 어떤 생각이 들었나요? 즐거움과 기쁨, 호기심으로 가슴이 두근거리는 삶을 살고 있나요? 아니면 괜히 이리저리 뛰어다니고 쓸데없이 바쁘기만 해서 혹은 막연한 두려움으로 숨 가쁜 삶을 살고 있나요? 새로운 시작은 항상 우리의 가슴을 두근거리게 합니다. 매일 아침 일어나 가슴이 두근거리지 않는다면 새로운 오늘이 아니라 어제와 같은 오늘이기 때문일 것입니다. 밤에는 꿈을 꾸고 아침에 일어나서는 그 꿈을 이루어가야 합니다.

가슴 두근거리는 삶은 매일매일 꿈을 좇는 삶입니다. 그리고 그 꿈은 자기가 하고 싶은 일을 할 때 이룰 수 있습니다. 여러 가지 이유로 하고 싶은 일을 다하며 살 수는 없겠지만 현실과 타협하며 내키지 않는 일들을 억지로 해나갈 때 뛰는 가슴은 멈출 것입니다. 꿈은 사라지고 매일 아침 일어나 하루를 걱정하는 삶이 시작될 것입니다. 아침에 일어나 가슴을 만져 보세요. 손이 떨릴 정도로 가슴이 뛰고 있나요? 그렇지 않다면 가슴을 쳐보세요. 꿈의 불씨가 다시 타오를 수 있도록.

2강 - 사고 전환하기

'척'하지 않기 ㅣ 아침의 답 ㅣ 원칙 사수 ㅣ 상상력 키우기 ㅣ 인내 습관 ㅣ 실수 인정 ㅣ
커리어 쌓기 ㅣ 이기적 용서 ㅣ 인맥의 덫 ㅣ 친구 편식 ㅣ 문제해결사 ㅣ 인정 받기 ㅣ
생각 변화시키기 ㅣ 마음 이정표 ㅣ 위대한 비밀 ㅣ 관계 역설 ㅣ 노동 역설 ㅣ 장애물 제거 ㅣ
패배 준비 ㅣ 독서 문맹

2강 - 사고 전환하기

'척'하지 않기 · · ·

감정을 억누르거나 가장하는 것은 우리 자신뿐 아니라 다른 사람들도 불행하게 만든다. 행복하지 않으면서 행복한 척하면 우울증을 부추긴다. 우리가 아주 잘 지내고 있는 것처럼 가장하면 상대방은 우리를 보면서 더욱 불행하게 느끼고 그 자신이 느끼는 고통 또한 숨기려고 한다.

— 탈 벤-샤하르, 〈완벽의 추구〉 중에서

현대인이 불행을 느끼는 것은 완벽함을 추구하기 때문이라고 합니다. 최적으로 사는 방법은 행복한 척하지 않기입니다. 자신의 기분과는 상관없이 항상 미소를 지어야 하는 서비스업에 종사하는 사람들이 오히려 우울증에 많이 걸린다는 조사 결과가 있습니다. 자신의 고통스런 감정을 솔직히 표현해야만 우울증에 걸리지 않을 수 있고, 불행해지는 것을 막을 수 있습니다.

사촌이 땅을 사면 배가 아프다고도 하는데, 우리의 행복한 모습이 다른 사람에게는 불행이 될 수 있습니다. 사람들이 타인의 불행은 위로해 주지만 자기보다 더 행복한 모습은 용납하지 않기 때문입니다. 그러니 실제로 행복하지도 않으면서 행복한 척해서 나도 불행해지고 상대방도 불행하게 하는 행동은 하지 말아야 하겠습니다. 솔직한 감정표현을 해야 건강한 관계가 형성됩니다.

아침의 답 · · ·

잠자리에서 아무리 고민하고, 이것저것 생각해봐야 방법은 없었다. 그러나 '내일은 내일의 태양이 떠오르겠지.' 하고 체념의 경지에 도달해 잠든 다음 날 아침, 영감이 불현듯 떠오른 것이다.

— 니시타니 쇼우지, 〈인생 넘지 못할 벽은 없다〉 중에서

오늘의 고민은 오늘로 끝내는 것이 좋습니다. 내일 또 같은 고민으로 하루를 보내서는 안 되겠지요. 그리고 고민이 쌓여가면 마냥 내일로 미룰 수도 없는 일입니다. 가장 좋은 방법은 하나하나 빨리 해결해 나가는 것입니다. 의식이 깨어 있으면 잠을 자기도 어렵고 번민만 쌓입니다. 고민을 멈추고 편안히 잠들어도 우리의 무의식은 계속 고민을 합니다. 그리고 아침에 일어날 때 나도 몰랐던 해결책을 제시할 수 있습니다.

누구나 고민은 있습니다. 하지만 이 순간부터 "오늘 고민은 여기까지 끝!"하고 외친 후 잠을 청해 보세요. 우리가 할 수 있는 일을 다하고 더 이상 할 수 있는 것이 없을 때는 차분히 인내심을 가지고 잠시 중단하세요. 물론 항상 다음 날 아침에 일어나 고민의 해결책을 찾는 것은 아닙니다. 그렇지만 아침의 답은 고민을 멈춘 사람에게 찾아올 것입니다.

원칙 사수 · · ·

원칙이라는 것은 매사가 순조롭고 편안할 때에는 누구나 지킬 수 있다. 그런데 원칙을 원칙이게 만드는 힘은 어려운 상황, 손해를 볼 것이 뻔한 상황에서도 그것을 지키는 것에서 생겨난다. 상황이 어렵다고, 나만 바보가 되는 것 같다고 한두 번 자신의 원칙에서 벗어난다면 그것은 진정한 원칙이 아니며, 어떤 문제에 봉착했을 때 그것을 해결하고 돌파해 나가는 현명한 태도도 아니라고 생각한다.

— 안철수, 〈CEO 안철수, 영혼이 있는 승부〉 중에서

세상이 돌아가는 원리가 있습니다. 이것에 따라 행하는 것이 원칙입니다. 세상이 돌아가는 원리는 정해져 있습니다. 그 원리가 변한다면 세상이 돌아가지 않을 것입니다. 그리고 그 원리에 따라 살아야 하는 것이 인간입니다. 그렇지 않으면 탈이 나는 것도 인간입니다. 결론은 원칙을 지켜야 한다는 것입니다. 그 원칙에 따라 행동하지 않고 다른 방법으로 행동한다면 그것은 원칙을 지키지 않는 것이며, 그것을 허용하는 원칙은 원칙이 아닙니다.

간편하고 쉬운 '편법'이라는 것이 있습니다. 우리가 부딪히는 어려운 상황을 쉽게 넘기기 위한 방법입니다. 남들이 모두 편법을 써서 어려운 상황을 넘길 때 나만 원칙을 따르는 것은 힘들 수 있습니다. 나만 뒤처진다고 생각할 수 있습니다. 하지만 그것은 잠깐 효과는 있을지라도 근본적인 문제해결이 될 수 없습니다. 순리에 어긋난 방법은 결말이 좋을 수 없습니다. 당장은 힘들어도 원칙을 목숨 걸고 사수할 때 죽을 수는 있어도 실패하지는 않을 것입니다.

상상력 키우기 · · ·

멀티미디어를 통해 제공되는 화상과 소리들은 기술 수준이 낮은 책과는 달리 우리에게 상상력을 발휘할 기회를 주지 않는다. 어린이들이 읽기를 배울 때 처음 읽는 책은 그림이 많지만 읽기가 더 익숙해지면서 그림은 점차 문자로 대체된다.

결국 우리는 종이 위에 나열된 단어들만 보고 오직 상상력을 통해 전반적인 광경을 만들어내는 놀라운 능력을 가지게 된다.

— 수전 그린필드, 〈브레인 스토리〉 중에서

상상력은 창조력과 문제해결력의 기초입니다. 우리가 원하는 바를 얻기 위해서는 새로운 것을 찾아내고, 지속적으로 부딪히게 되는 문제를 해결해야 합니다. 인터넷을 검색하면 웬만한 것을 다 얻을 수 있고 손쉽게 해답을 찾을 수 있습니다. 이 때문에 사람들은 점점 더 생각을 하지 않게 되고 있습니다. 하지만 개인과 인류의 발전은 항상 일반적인 지식이 아니라 그것들을 결합하는 새로운 생각에서 비롯됩니다.

전철이나 버스를 타면 거의 모든 사람들이 핸드폰을 들여다보거나 이어폰으로 무언가를 듣고 있습니다. 스마트기기와 멀티미디어의 발전은 눈부십니다. 하지만 우리의 상상력은 치밀한 디지털이 아니라 엉성한 아날로그에서 비롯됩니다. 빈 곳을 채워 완성하는 것이 바로 상상력이기 때문입니다. 멀티미디어보다는 책 속에 빈 곳이 많습니다. 상상력을 위해 찾아야 할 곳입니다.

인내 습관 · · ·

목표를 달성한 사람들, 성공한 사람들에게는 하나의 중요한 공통점이 있다. 바로 인내하는 습관이다. 아무리 화가 나도, 도저히 수긍하지 못해도, 죽을 만큼 힘이 들어도 꾹 참고 목표에 도달할 때까지 굳센 마음으로 초지일관하는 인내심이다. 막연한 두려움과 동요 그리고 조바심은 금물이다.

— 전옥표, 〈습관부터 바꿔라〉 중에서

성공의 길을 가기 위해서는 세 가지 중요한 준비물이 있습니다. 목표, 계획, 그리고 인내입니다. 이루고자 하는 것을 정하고 그것을 어떻게 이룰 것인가를 찾고 중도에 포기하지 않고 끝까지 가는 것입니다. 이것을 완성한 사람만이 성공한 사람입니다. 목표가 아무리 거창하고 계획이 훌륭해도 끝까지 해내지 않으면 소용이 없습니다. 항상 실패자로 남습니다.

성공하기 위한 목표와 계획을 세우는 것은 어렵지 않습니다. 문제는 그것을 실행에 옮기고 될 때까지 추진하는 인내심이 부족한 것입니다. 성공이라는 산의 정상에 사람들이 적은 이유는 거기에 이르기까지의 고통을 견뎌낸 사람이 적기 때문입니다. 무엇이든 인내할 생각이 없다면 성공을 꿈꾸지 말고 그저 편안히 사세요. 그러나 성공하고 싶다면 모든 것을 참으세요. 사람은 누구나 죽음을 각오한다면 어떤 일이든 견딜 수 있습니다. 어떤 일이든 이룰 수 있습니다.

실수인정 · · ·

주식 투자자 가운데 쓸데없는 고집을 부리는 사람이 적지 않다. 주가가 폭락하고 있는데도 언젠가는 오를 거라고 고집을 부리다가 깡통을 찬 사람도 적지 않다. 성공을 향해 가는 길에는 외나무다리가 여러 개 놓여 있다. 빨리 건너는 것도 중요하지만 전체적인 균형을 잘 잡아야 한다. 그래야만 천 길 낭떠러지로 떨어지지 않는다.

— 한창욱, 〈나를 변화시키는 좋은 습관〉 중에서

외나무다리는 말 그대로 한 길입니다. 그 길로 건너야 원하는 곳에 도달할 수 있는 것입니다. 하지만 올라서기 전에 먼저 몇 가지 조사해야 할 것이 있습니다. 내 앞에 놓인 외나무다리가 썩은 다리가 아닌지 너무 좁아서 위험하지는 않은지 살펴보아야 합니다. 또 근처에 쉽게 건널 수 있는 다른 다리는 없는지 찾아보아야 합니다. 그래서 이상이 없을 때 건너가야 후회가 없습니다.

외나무다리를 건널 때는 균형을 잘 잡아야 합니다. 신중하게 선택한 길인 만큼 가다가 넘어져서는 안 됩니다. 확실하게 건너는 것이 중요하기 때문에 빨리 건널 필요도 없습니다. 무리하다 보면 실수가 발생하기 마련입니다. 만일 실수를 하게 되면 빨리 인정해야 합니다. 그런데 사람들은 자신의 실수를 인정하기 싫어 어떻게든 감추려고 하고 남의 탓이나 환경 탓으로 돌리려고 합니다. 하지만 그렇다고 그 실수가 없어지는 것은 아닙니다. 빨리 인정하고 일을 다시 하거나 다른 방법을 찾아야 합니다. 아무리 많은 실수가 있어도 포기하지 말고 다시 시작해야 성공할 수 있습니다.

커리어 쌓기 •••

내 일이 다른 길로 통하는 문을 열어줄 수 있을 것인가? 언뜻 들으면 모순된 이야기 같지만 당신의 일이 다른 일로 이어질 잠재력을 가지고 있다면 그것은 당신에게 맞는 일자리이다. 왜냐하면 정의상 커리어라고 하는 것은 끝이 없기 때문이다. 커리어는 다른 기회로 이어지는 여러 가지 기회의 집합체이다.

— 수지 웰치, 〈10-10-10 인생이 달라지는 선택의 법칙〉 중에서

평생직장의 개념이 무너지면서 커리어 관리가 중요해졌습니다. 반면 한 번 들어 가기도 힘든 직장에서 어떻게든 버티려고 하는 것도 현실입니다. 하지만 누구도 우리의 직장생활을 보장해 주지 않습니다. 자신의 위치에서 최선을 다해야 하는 것은 기본이지만 그 일이 새로운 일의 발판이 될 수 있을지도 생각해 보아야 합니다. 이직이나 퇴직 후의 일과 연결고리가 있으면 한 가지 직업으로 커리어를 이어갈 수 있습니다. 또한 그 분야의 전문가가 될 수 있습니다.

사회생활을 하면서 한 가지 직업으로 커리어를 쌓아갈 수도 있고 여러 가지 직업을 가지며 커리어를 연결해갈 수도 있습니다. 어느 것이 더 낫다고 단정하여 말하기 어렵지만 어느 길이든 자신의 길을 발전해 나가는 길이라면 그 길이 가장 좋은 길입니다. 평균수명이 늘어나 노후생활이 길어지고 있습니다. 오래도록 할 수 있을 나의 일을 반드시 찾아야 합니다. 지금 나의 일을 사랑하되 열린 마음으로 다양한 가능성을 모색해 보세요.

이기적 용서 · · ·

우리가 용서를 하는 까닭은 우리 자신과 특히 우리 자신의 건강을 위해서이다. 왜냐하면 치료에 도움을 주는 정도를 넘어 분노에 집착하게 되면, 우리는 성장을 멈추고 영혼은 오그라들기 시작하기 때문이다.

— M. 스캇 펙, 〈끝나지 않은 여행〉 중에서

다른 사람들로 인해 화가 났을 때 흥분하고 감정을 밖으로 내뱉어도 모두 풀리지는 않습니다. 화를 일으킨 제공자에게도 상처를 줍니다. 상대방은 그 원인과 상관없이 본인이 받은 상처만 생각하기 때문입니다. 그리고 결국 그 상처는 자신에게 되돌아올 것입니다. 나쁜 감정은 쉽게 잊혀지지 않아 언젠가는 다른 상대에게 표출됩니다. 그렇게 부정적 감정 표현의 악순환이 계속되고 당사자끼리의 인간관계는 서서히 금이 가게 됩니다.

분노의 순간에 그것을 참을 수 있는 자제심과 평정심이 필요합니다. 그 순간을 잘 넘기면 분노는 많이 가라앉습니다. 시간이 지나면서 감정이 수그러들고 이성적으로 생각할 수 있습니다. 내가 화를 내지 않았기 때문에 상대방도 용서할 수 있습니다. 그리고 나의 마음속에 아무것도 남지 않기 때문에 그로 인해 괴로워할 일도 없게 됩니다. 스스로를 건강한 상태로 유지할 수 있습니다. 지금 다른 사람에 대한 부정적 감정을 마음속에 품고 있다면 나의 건강을 좀 먹는 벌레 한 마리를 키우는 것입니다. 그 치료제는 오직 용서밖에 없습니다. 용서는 남의 병이 아니라 자신의 병을 치료하기 위한 약입니다.

인맥의 덫 · · ·

선천적인 인맥은 더는 인맥이 아니다. 선천적으로 맺어진 혈연, 지연 등과 자신의 노력이 가미되지 않은 학연 등은 개인에게 노력을 경주하게 만들기보다 모든 일을 안일하게 대처하도록 하는 결과를 불러온다. 지금 자신의 주위를 둘러보라. 혹, 직장 동료나 고향 친구들만 있지 않은가?

— 김영안, 〈인맥을 끊어라〉 중에서

우리가 일을 하면서 선천적인 인맥에만 의존하면 더 이상의 발전은 기대하기 어렵습니다. 이미 둘러져 있는 테두리 안에서 편하게 일하려고만 하기 때문입니다. 바로 덫에 걸려 있는 꼴이 되는 것입니다. 그 덫을 벗어나 새로운 사람들을 만나고 다양한 분야에서 창조적인 인맥을 만들어 나갈 때 우리는 발전할 수 있습니다. 인맥을 통해 업무적인 도움을 받는 것은 이차적인 문제입니다. 그보다는 다양한 사람들과의 교류 자체가 우리에게 신선한 자극이 되기 때문에 긴장하게 되고 새로운 노력을 할 수 있게 되는 것입니다.

대부분의 사람은 생각보다 인간관계의 폭이 넓지 않습니다. 만나는 사람들이 정해져 있습니다. 심지어는 선천적인 인맥조차도 소홀히 하며 살기도 합니다. 인맥은 우리가 가꾸어야 하는 꽃밭과도 같습니다. 꽃을 키우기 위해 끊임없이 물을 주어야 하고 또 새로운 씨앗도 뿌려야 합니다. 그래야 아름다운 꽃들과 오래도록 함께 할 수 있습니다. 지금 손에 물통을 들고 있나요? 씨앗이 준비되어 있나요?

친구 편식 · · ·

사람들에게 완벽하게 보이려고 하면 할수록 사람들은 당신에게서 멀어진다. 사람들이 당신에게 호감을 갖고, 당신에게 자꾸만 다가서고자 하는 건, 당신 또한 자신과 같은 인간이라는 사실을 끊임없이 확인하는 작업을 통해 이루어진다.

— 게일 라운즈, 〈사람을 얻는 기술〉 중에서

이 세상에 완벽한 인간은 없습니다. 자신의 약점을 감추려고만 할 때 오히려 인간적인 신뢰는 멀어져 갑니다. 자신도 모르는 사이에 거짓된 모습을 보이고 있기 때문입니다. 조금은 부족하더라도 있는 그대로의 진실한 모습을 보여줄 때 함께 어우러질 수 있습니다. 똑같이 완벽하지 않은 인간이기에 상대방도 나의 모습에서 자신의 모습을 보게 됩니다. 그리고 그것이 같다고 생각하는 순간 마음을 열게 되는 것입니다. 사람들은 자기와 같거나 비슷하다고 생각하는 사람을 좋아하기 때문입니다.

사람들과 좋은 관계 속에서 지내는 것은 누구나 바라는 일입니다. 하지만 모든 사람과 친구가 될 수는 없습니다. 그렇다고 적을 만들어서도 안 됩니다. 그 타협점은 어디일까요? 그것은 바로 상대방을 있는 그대로 인정하는 것입니다. 나와 같은 사람을 좋아하지만 나와 다르다고 미워할 필요는 없는 것입니다. 나와 남들이 같기도 하지만 차이를 완전히 인정할 때 모든 사람들과 잘 지낼 수 있습니다. 그리고 그 속에서 내가 필요로 하는 사람을 얻을 수 있습니다.

문제해결사 · · ·

이 세상에 아무런 문제없이 살아갈 수 있는 사람은 없다. 그러기에 우리는 문제 없이 세상을 살아나가게 되기를 바라는 것이 아니라, 그 어떤 문제들 가운데서도 성공적으로 살아나가기를 원해야 하며, 그렇게 성공적으로 살아 나가기 위해서 우리는 그런 문제 해결에 있어서 진정한 전문가가 되지 않으면 안 되는 것이다.

— 노먼 빈센트 필, 〈세상과 나를 움직이는 삶의 기술〉 중에서

베스트셀러 〈적극적인 사고방식〉으로 유명한 노먼 빈센트 필 박사에게 어떤 사람이 찾아왔습니다. 그 사람은 문제가 생겼다고 했고 필 박사는 축하한다고 했습니다. 문제가 생겼다고 흥분하는 사람에게 박사는 계속 축하한다고만 했습니다. 그리고 문제가 하나도 없는 사람들을 보여주겠다고 하면서 그 사람을 근처의 공동묘지로 데리고 갔습니다. "자 여기 있는 사람들은 문제가 없습니다."

우리가 살아 있는 동안에는 계속해서 문제가 발생합니다. 그리고 그것이 바로 살아 있다는 증거이기도 합니다. 진짜 문제는 우리가 우리에게 발생하는 문제를 어떻게 보느냐입니다. 문제 속에는 반드시 해답이 들어 있기 때문에 문제를 외면 하지 말고 정면에서 맞설 때 해답은 모습을 드러낼 것입니다. 그리고 문제는 다른 사람에게 의존하지 말고 반드시 스스로의 힘으로 해결하는 습관을 들여야 합니다. 그래야 내가 발전할 수 있고 어떤 문제도 두려워하지 않는 문제해결사가 될 수 있습니다. 다른 사람의 중병보다 가시에 찔린 내 손가락이 더 아픈 법입니다. 그리고 그 가시는 스스로 뽑아야 합니다.

인정 받기 · · ·

　사람들은 보통 '내 생각에는' 이라는 말로 대화를 시작하곤 한다. 애써 자기 생각임을 강조하려는 것이다. 자신의 생각이라는 것을 강조하면 다른 사람들로부터 인정 받을 수 있을 것 같아서 이런 식의 대화습관이 생긴다. 하지만 대체로 이런 방식의 대화는 자신이 기대했던 결과를 얻어내지 못하는 경우가 대부분이다. 이런 말을 듣는 상대방은 '또 잘난 체한다.' 라거나 '혼자 떠들고 있네!' 라는 식으로 생각해버리기 때문이다.

— 레스 기블린, 〈찬스를 만드는 만남의 기술 15〉 중에서

　다른 사람의 마음을 얻기 위해서는 내 생각만 얘기해서는 안 됩니다. 다른 사람이 좋아할 생각을 얘기해야 합니다. 이 말을 다른 사람의 비위를 맞추라는 것으로 오해할 수도 있지만 그것보다는 상대방을 존중하고 상대방이 원하는 바를 해주라는 것입니다. 그것이 진실이든 아니든 나에 대해 누군가가 비난, 비평, 불평하는 것을 좋아할 사람은 아무도 없습니다. 그래서 데일 카네기의 〈인간관계론〉에 보면 많은 것을 하라고 하지만 그 세 가지만 하지 말라고 합니다.

　예외적으로 다른 사람도 내 생각을 반기는 경우가 있습니다. 바로 상대방에 대한 칭찬입니다. 내가 상대방을 좋게 생각한다고 하는데 싫어할 사람은 없습니다. 내 생각을 주장해서 나를 인정받으려고 하기보다는 상대방을 추겨 세워줄 때 반대로 그들도 나를 인정해줄 것입니다. 나를 좋아하게 될 것이고, 그때에는 내 생각을 얘기해도 존중해줄 것입니다. 누구든 좋아하는 사람의 말은 들어주기 마련입니다.

생각 변화시키기 · · ·

매순간 당신의 건강은 당신의 의식에서 흘러나오는 긍정적 · 부정적인 충동의 합과 같다. 당신은 바로 '당신이 생각하는 것'이다. 만약 당신이 행복하다면 그것은 당신이 대부분의 시간을 행복한 생각을 하면서 보내기 때문이다. 반면 우울하다면 슬픈 생각을 하는 시간이 더 많음을 의미한다.

— 디팩 초프라, 〈마음의 기적〉 중에서

사람들은 흔히 외부 세계를 있는 그대로 본다고 착각하고 있습니다. 하지만 보이지 않는 것을 볼 수도 있고 보이는 것을 보지 않을 수도 있습니다. 즉 보려고 하는 세계만 보는 것입니다. 외부의 물리적 자극조차 우리의 생각에 따라 다르게 느낄 수 있습니다. 가시에 찔렸을 때 피부에 상처가 나서 아픈 것이 아니라 아프다고 생각하기 때문에 아픈 것입니다.

모든 것은 다 지나갑니다. 항상 나쁠 수만도 없고 항상 좋을 수만도 없는 것이 인생입니다. 그리고 외부의 환경은 내가 변화시킬 수 있는 것이 아닙니다. 우리에게 영향을 주는 타인도 우리는 변화시킬 수 없습니다. 우리가 변화시킬 수 있는 것은 우리의 생각입니다. 우리의 생각을 긍정적으로 변화시킬 때 세계도 변하고 타인도 변합니다. 실상은 그대로인데 우리 눈에는 모두 긍정적으로 보이게 되는 것입니다. 그리고 우리는 행복해지는 것입니다.

마음 이정표 · · ·

어떤 문화든 초월적인 의미를 찾아 떠나는 이야기, 곧 '영웅담'이 있다. 영웅담의 주인공들은 모두 평범한 존재로 출발하지만 곧 자신에게만 주어진 운명의 길을 걸음으로써 점차 비범한 존재로 거듭난다. 삶이 준비해 놓은 자신의 길을 걸을 때 우리는 더 이상 평범하지 않은 존재가 되고, 우리의 삶은 마침내 어느 것과도 바꿀 수 없는 자신만의 신화가 된다.

— 리처드 아이더 · 데이비드 샤피로, 〈마음이 가리키는 곳으로 가라〉 중에서

인생은 자신의 길을 찾는 과정이라고 생각합니다. 긴 길이 있는데 처음부터 찾는 사람, 중간에서 찾는 사람, 거의 끝에서 찾는 사람이 있겠지요. 하지만 어느 인생이 더 가치 있다고 판단할 수는 없습니다. 그 가치는 언제든 자신의 길을 찾은 사람만이 알 수 있기 때문입니다.

우리가 하찮은 존재로 느껴지는 것은 자신의 길을 가고 있지 않기 때문이 아닐까요? 진정한 나의 인생을 살지 못한다면 결코 만족스런 삶을 살 수 없는 것입니다. 하지만 자신의 길을 가고 있는 사람이라면 남들이 비범하다고 인정하지 않더라도 그들이 알지 못하는 자신만의 만족감이나 행복감을 느낄 수 있을 것입니다.

위대한 비밀 · · ·

서로를 사랑하라. 또한 세상 만물을 사랑하라. 이것이 바로 힘들고 어렵고 절망에 빠져 있을 때 취해야 할 그 무엇보다 위대한 비밀이다. 사랑은 모든 두려움을 극복하며 우리의 삶과 이 세상을 변화시킨다.

— 마크 알렌, 〈위기 극복형 인간〉 중에서

우리는 세상의 일부입니다. 내가 다른 사람을 사랑하고 다른 사물을 사랑하는 것은 결국 나를 사랑하는 것입니다. 내가 베푼 사랑이 반드시 나에게 되돌아온다는 것입니다. 정상적인 사람이라면 자기를 사랑해주는 사람에게 해를 끼치지는 않을 것입니다. 자연도 마찬가지입니다. 동물도 자신에게 위협이 될 때만 사람을 공격합니다. 자연보호운동은 우리가 자연을 먼저 보호해주고 반대로 자연으로부터 보호받기 위해 하는 것입니다.

사람은 사랑하고 사랑을 받아야 하는 존재입니다. 정상적인 부모의 사랑을 받지 못한 아이는 이상행동을 합니다. 사랑을 받지 못했기 때문에 줄 수도 없습니다. 대신 자기가 받은 상처를 남에게 되돌려주는 것입니다. 지금 사랑을 할 수 있다면 행복한 것입니다. 그것은 누군가에게 사랑을 받았다는 증거이기 때문입니다. 그렇다면 이제 그 행복을 갖지 못한 사람들에게도 나누어주세요. 그들도 사랑을 알게 해주세요. 그러면 그들도 사랑을 주는 존재로 바뀔 것입니다.

관계 역설 · · ·

모든 인생은 혼자 떠나는 여행이다. 혼자 떠날 수 있어야만 외로움과 쓸쓸함을 당당하게 견디어 나갈 수 있다. 누구의 아내, 누구의 남편, 누구의 부모로써 살아가는 삶은 잠시 접어둔 채 잠시동안 만이라도 오롯이 당신 자신과 마음을 터놓고 마주해보라. 당신 자신과 만나는 시간이 많아질수록 인생은 그만큼 달라질 것이다.

— 사라 밴 브레스낙, 〈혼자 사는 즐거움〉 중에서

요즘 대세인 SNS^{social networking system}에서는 웹상에서 친구, 선후배, 동료 등 지인과 인맥관계를 강화하고 또 새로운 인맥을 쌓으며 폭넓은 인간관계를 형성할 수 있도록 하는 좋은 기능이 있습니다. 그렇지만 다들 이런 네트워크, 사회적 관계, 인맥 만들기에만 너무 몰두하면 정작 중요한 것들을 잃어버리게 됩니다. 진정으로 세상을 바꾸고 싶고, 창조적인 사람이 되려면 이러한 관계와 별개로 고독도 즐길 수 있어야 합니다.

세상은 외향적인^{extrovert} 사람을 늘 선호 하지만 정작 세상을 바꾸는 것은 내성적인^{introvert} 사람인 경우가 많습니다. 역사적으로 세상을 바꾼 간디와 루즈벨트도 그러했고, 애플사의 CEO 스티브 잡스나 워즈니악도 본인들이 외향적인 성격이었으면 창조적 전문가가 되지 못했을 거라고 했습니다. 이는 외향적이어서 인간관계가 복잡해 고려할 것이 많은 사람과 달리 이것저것 고려할 것 없이 자신이 옳다고 생각하는 바를 끝까지 관철시켰기 때문입니다. 세상은 소수의 내성적인 사람이 바꾸고 고독은 창의성의 열쇠입니다.

노동 역설 · · ·

개인 투자자가 성공할 수 있는 가장 좋은 시나리오는 활황을 기다려 주식투자하고 목표이익이 달성한 후 시장에서 완전히 손을 빼는 것이다. 그것이 얼마나 어려운지는 도박을 해본 사람은 알겠지만 (중략) 시장은 혹독하다. 시장을 이길 가능성은 제로에 가깝다. 주식은 투기다, 초심을 유지하라. 당신은 타자와 도박을 하지 않으면서도 주식을 하는 것은 당신이 주식투자를 너무 우습게 보는 것이다.

— 박경철, 〈주식투자란 무엇인가〉 중에서

일반인이 10억을 모을 확률은 과연 몇 %일까요? 유산으로 받을 확률은 1,200만 명 중 한 명으로 이는 로또복권의 당첨확률과 비슷하다고 합니다. 카지노로는 600만분의 1, 샐러리맨이 100만 원씩 복리로 30년간 저축해서 모을 확률은 150만분의 1이라고 합니다. 그러면 주식으로 10억을 벌 확률은 몇 %일까요? 정확히 50%입니다. 재산을 다 잃던가 목표를 달성하던가 말입니다.

주식 직접 투자인구가 500만 명에 육박한다고 합니다. 그러나 함정은 주식성공 확률은 50%이지만 승자는 극히 일부분이라는 것입니다. 주식투자를 성공해서 돈을 벌 수 있다면 누가 힘든 정신적 육체적 노동을 할까요? 주식 가격이 낮을 때 매수하고, 높을 때 매도하여 고소득을 얻고 즐기면서 살지 않을까요? 그렇게 되면 세상은 노동종말이 올 것입니다. 혹시 여러분 주위에 주식투자로 성공한 이가 있다면 그 사람은 아마 어떤 노동강도보다 힘든 대가를 치른 사람일 것입니다.

장애물 제거 · · ·

위대한 사람이란 다른 사람이 갖지 못한 특별한 무언가를 가진 사람이 아닙니다. 그는 단지 가장 뛰어난 자신을 드러내는 데 장애물이 되는 것들을 제거해 버렸을 뿐입니다.

— 엘리자베스 퀴블러 로스 · 데이비드 케슬러, 〈인생 수업〉 중에서

미켈란젤로는 자신의 조각품을 이렇게 표현했습니다. 돌 속에 잠들어 있는 천사를 깨워준 것뿐이라고. 그 천사를 둘러싸고 있었던 것들을 조각으로 제거해 주었더니 위대한 작품이 탄생했다는 것입니다. 우리는 모두 미켈란젤로가 될 수 있습니다. 우리의 잠자는 천사는 바로 우리 안에 있습니다. 계속해서 잠만 자고 있게 할 것인지 아니면 깨어나서 세상에 나오게 할 것인지는 우리의 선택에 달려 있습니다.

우리는 행동하고 있지 않습니다. 자신의 잠재력을 최대한으로 발휘하고 있지 않습니다. 우리 안에 천사가 잠자고 있기 때문입니다. 우리는 외부 환경에 있는 장애물보다는 스스로를 제한하는 내적 장애물을 가지고 있습니다. 두려움, 나태함, 의심 등 모든 부정적인 태도입니다. 하지만 자기 자신을 극복해야 잠자는 천사를 깨울 수 있습니다. 그것은 모든 장애물을 일순간에 무너뜨리는 결단과 행동입니다. 자, 이제 장애물을 밀치고 깨어나세요.

패배 준비 · · ·

누구나 자기가 이룬 대로 갖게 되는 것이 삶입니다. 체조도 마찬가지입니다. 자신이 할 줄 아는 기술들을 보따리에 담아 가지고 다니면서 필요할 때 펼쳐 보여야 합니다. 보따리 안에 없는 기술은 꺼내 보일 수가 없지요. 당연한 이치가 아닐까요?

— 나디아 코마네치, 〈미래의 금메달리스트에게〉 중에서

운동선수는 끊임없는 훈련으로 몸을 단련합니다. 힘들고 지루한 과정을 반복하여 하나의 기술을 익히고 그에 적합한 근육을 만들고 체력을 키웁니다. 그 과정을 통해 완벽하게 준비가 되었을 때 실제 경기에서 훌륭한 성과를 보여주는 것입니다. 어떤 종목이든 최고의 선수에게는 한 가지 공통점이 있습니다. 바로 연습벌레라는 것입니다. 최고의 재능을 타고났어도 연습 없이는 최고의 선수가 될 수 없기 때문입니다.

사람들은 대부분 인생을 쉽게 살려고 합니다. 힘든 것은 피하고 해야 할 일도 밀쳐버립니다. 하지만 성공적인 인생을 살기 위해서는 늘 준비가 되어 있어야 합니다. 인생은 하루하루가 연습이며 실전입니다. 끊임없는 연습이고 끊임없는 실전입니다. 매일매일을 준비가 안 된 상태로 맞이하고 경기는 해보지도 못한 채 매번 패배로 끝내는 것입니다. 하지만 오늘 패배해도 내일 준비하면 모레는 승리할 수 있습니다. 오늘의 패배를 인정하고 다시는 지지 않도록 준비하세요. 부지런히 훈련하고, 땀을 흘리세요. 그 땀으로 보따리를 가득 채우세요.

독서 문맹 · · ·

독서에 무관심한 사람은 간혹 유익한 책을 읽는 사람을 비웃기도 한다. 그러나 글을 읽지 못하는 사람과 책을 읽지 않는 사람은 거의 차이가 없다. 그 결과는 둘 다 무지하다는 것이다.

— 짐 론, 〈내 영혼을 담은 인생의 사계절〉 중에서

최근에는 오프라인 서점들은 대형화되고 온라인 서점도 활성화 되었습니다. 또한 전자책e-book 시장이 급성장하고 있고 스마트폰을 통해 가장 많이 읽히고 있다고 합니다. 하지만 그만큼 독서인구나 1인당 독서량 자체가 늘어나고 있는 것은 아닙니다. 오히려 줄어들고 있다고 합니다. 책 이외에도 볼거리가 많아졌기 때문입니다. 실제로 지하철이나 버스 승객들이 대부분 책이나 신문 대신 핸드폰을 열심히 들고 무언가를 하는 것을 볼 수 있습니다. 이들은 주로 문자, 인터넷 검색, 동영상 시청, 게임 등에 열을 올리고 있습니다.

독서를 하는 사람을 비웃는 사람이 있는지는 모르겠습니다. 하지만 책을 읽는 사람이 갈수록 줄어든다는 것은 안타까운 일입니다. 종이 가격 문제로 인해 앞으로 종이로 된 책은 줄어들 것이라는 전망도 있습니다. LP, 테이프, CD 음반을 MP3가 대체했듯이 앞으로는 전자책이 종이책을 빠르게 대체해 나갈 것입니다. 전자책은 스마트기기 등 단말기만 있으면 종이책보다 훨씬 저렴하고 손쉽게 구입할 수 있습니다. 이제부터 스마트기기라도 독서에 활용해 보는 건 어떨까요? 그래야 무지는 면할 테니까요!

3강 – 변화의 기쁨 맛보기

과감한 결심 · · ·

결심에 이르기 전까지는 주저함이 있고, 물러설 기회가 있고, 또 항상 무기력함
이 있다. 그러나 분명한 결심에 이르는 순간 우주의 섭리도 함께 움직이게 된다.
결심에 이르지 않았다면 발생할 수 없었을 일들이 이제는 걷잡을 수 없이 일어나
우리를 돕는다. 결심으로부터 사건들이 연이어 발생하고, 이런 식으로 일어나리라
고는 꿈도 꾸지 못했던 보이지 않는 우연들과 만남들과 물질적 도움들이 우리에
게 유리한 방향으로 펼쳐진다.

— 주디스 라이트, 〈단 하나의 결심〉 중에서

우리가 사는 세상은 끊임없이 변화하고 있습니다. 변화하는 세상 속에서 변
화하지 않고 그대로 남아 있으면 도태됩니다. 사용하지 않는 근육의 힘이 줄어들
듯이 움직이지 않다 보면 못 움직이게 됩니다. 변화하는 세상 속에서 발전하려면
나도 그 변화의 속도에 맞춰 변화해야 합니다. 그렇지 않으면 아무리 좋은 세상
도 아무리 좋은 기회도 나를 스쳐 지나가는 한낱 그림과도 같은 것입니다.

내가 움직이면 세상도 움직입니다. 나도 움직이는 그림이 됩니다. 그리고 그
속에서 수많은 혜택을 얻게 됩니다. 고통도 따르고 슬픈 일도 있겠지만 그러면서
우리는 성장해가는 것입니다. 지금 주저하는 일이 있나요? 세상은 빛의 속도로
변해가는데 신세한탄만 하고 있나요? 하고 싶은 일 꿈꾸고 있는 일이 있다면 과
감하게 결심하세요. 그 순간 마법 같은 일을 경험하게 됩니다.

숨은 씨앗 틔우기 · · ·

겨울 내 얼어붙은 땅바닥을 바라보라.
차갑고 메마르지만 그 속에는 봄을 기다리는 씨앗이 삶을 준비하고 있다.
그대의 얼어붙은 마음 속에 있는 씨앗도 언젠가 꽃으로 피어날 것이다.
사랑, 용기, 자유, 영혼, 평화……
그대는 무엇을 기다리고 무엇을 위해 살고 있는가?

— 서무태, 〈나를 아는 즐거움〉 중에서

겨울을 지나 봄이 온다고 모든 씨앗이 싹을 틔우는 것은 아닙니다. 차갑고 메마른 땅 속에서 그 고통을 견뎌낸 씨앗만이 싹을 틔울 수 있습니다. 땅 속에서 얼었거나 썩은 씨앗은 그대로 죽는 것입니다. 여기서 살아남아도 자신을 감싼 껍질을 뚫는 노력이 필요합니다. 땅도 헤치고 위로 올라와야 합니다. 진정 고통의 연속입니다. 이런 과정을 이겨낸 씨앗만이 하나의 식물로 성장할 수 있습니다.

나비가 고치를 벗고 나올 때나 새가 알을 깨고 나올 때 사람이 고치를 벗겨주거나 알 껍질을 깨준다면 그들은 태어나자마자 죽는다고 합니다. 사람도 편하게만 자란 사람은 어려운 일이 닥쳤을 때 좌절하기 쉽습니다. 어려움 속에서 자라는 사람은 인내, 끈기, 용기를 키우고 자유롭고 평화로운 새 날에 대한 희망을 간직합니다. 마음속에 성장의 씨앗을 키우는 것입니다. 그리고 기회가 오면 그 싹을 틔워 성공을 향한 줄기를 뻗습니다. 여러분은 마음속에 어떤 씨앗을 품고 있나요? 씨앗을 보호하려고 편안함만 추구하지 마세요. 고생을 사서 즐기세요. 모진 고통을 이겨내지 못한 씨앗은 좋은 열매를 맺을 수 없습니다.

생각 버리기 · · ·

이상하게도 우리 뇌는 무언가를 하면 안 된다고 자꾸 생각할수록, 그 일에 더 집착하고 더 큰 흥미를 느낀다. 그리고 이런 감정은 우리 마음에 격렬하게 스며든다. 따라서 어느 순간 고삐가 느슨해지면, 지금까지 부정적으로 집착하고 있던 먹는 것에 대한 폭발적인 충동을 억누르기 힘들어진다. 결국 부정적인 자극을 추구하는 뇌는 하면 안 된다고 생각할수록 더 하게끔 만드는 것이다.

— 코이케 류노스케, 〈생각 버리기 연습〉 중에서

현대인들은 먹는 것이 풍족하기 때문에 대부분의 사람들이 과식을 합니다. 때로는 먹는 것을 스트레스 해소 수단으로 사용합니다. 따라서 먹는 것을 줄이는 다이어트를 하게 되면 스트레스가 쌓이겠지요? 그래서 다이어트가 힘든 것입니다. '먹으면 안 돼!' 하면서 그 생각에 사로잡히다 결국 스트레스 해소를 위해 마구 먹게 되는 것입니다.

부정적인 생각에 사로잡히기보다 긍정적인 대체 수단이 있어야 합니다. 대표적인 것이 운동입니다. 운동을 하면 배는 더 고파지겠지만 스트레스 해소 수단이 된다면 식욕을 억제할 수 있겠지요? 부정적인 생각을 버리고 이런 식으로 긍정적인 활동으로 대체한다면 긍정적인 결과를 기대할 수 있습니다.

1만 시간의 법칙 · · ·

신경과학자인 다니엘 레비틴(Daniel Levitin)은 어느 분야에서든 세계 수준의 전문가, 마스터가 되려면 1만 시간의 연습이 필요하다는 연구결과를 내놓았다.

"작곡가, 야구선수, 소설가, 스케이트선수, 피아니스트, 체스선수, 숙달된 범죄자, 그밖에 어떤 분야에서든 연구를 거듭하면 할수록 이 수치를 확인할 수 있다. 1만 시간은 대략 하루 세 시간, 일주일에 스무 시간씩 10년간 연습한 것과 같다. (중략) 어느 분야에서든 이보다 적은 시간을 연습해 세계 수준의 전문가가 탄생한 경우를 발견하지는 못했다. 어쩌면 두뇌는 진정한 숙련자의 경지에 접어들기까지 그 정도의 시간을 요구하는지도 모른다."

— 말콤 글래드웰, 〈아웃라이어〉 중에서

최근 온 국민을 열광케 한 피겨스케이팅 김연아 선수를 생각해 보면 쉽게 이해할 수 있겠지요? 점프 하나를 완벽하게 익히기 위해 3,000번이나 엉덩방아를 찧었다는데 그 수가 맞는지는 따져볼 필요도 없습니다. 그렇게 연습하지 않았다면 세계 최고의 선수가 될 수 없었을 것입니다.

누구를 막론하고 1만 시간을 한 가지 일에 집중하여 투자한다면 그 분야에서 대가*가 될 수 있다는 사실은 상당히 희망적입니다. 자, 지금부터라도 여러분이 원하는 일에 1만 시간을 투자하기 시작한다면 밝은 10년 후를 내다볼 수 있지 않을까요? 만약 1만 시간의 노력 전에 좋은 성과를 기대하는 사람은 스스로 모짜르트나 빌게이츠보다 뛰어나다고 생각하는 사람일 것입니다.

펭귄의 꿈 · · ·

"아빠, 내가 정말 갈매기처럼 날 수 있을까?"
브루노가 물었어요.
"갈매기처럼 하늘을 날 수 있는 건 갈매기뿐이란다.
너는 너만의 방법으로 날게 될 거야, 브루노."
아빠의 말에 브루노는 고개를 끄덕였어요.

— 아네테 블라이, 〈날아라 펭귄!〉 중에서

'브루노'는 갈매기처럼 하늘을 날고 싶은 꿈을 가진 펭귄입니다. 남들이 뭐라고 해도 포기하지 않고 나는 연습을 했습니다. 결국, 하늘을 날진 못했지만 아빠의 말처럼 바다 속을 멋지게 날게 됩니다. 이 책은 어린이를 위한 그림책이지만 어른에게도 불가능한 꿈도 포기하지 않으면 나만의 방법으로 이룰 수 있다는 교훈을 주고 있습니다.

요즘 불경기에 강력사건, 자살, 재해, 전쟁 등이 만연한 뉴스에서 좋은 뉴스를 찾기 어렵습니다. 특히 자라나는 어린이와 청소년들이 '공부지옥' 에서 어떤 꿈과 희망을 키우고 있는지 걱정됩니다. 하늘을 날 수 없는 펭귄이지만 브루노는 꿈을 포기하지 않고 바다 속을 멋지게 날아 '바다의 비행사'가 되었습니다. 여러분은 어떤 꿈을 꾸고 있나요?

긍정적인 상상 · · ·

'나는 성공할 거야' 라는 생각으로 인생을 시작하는 사람은 꼭 성공한다. 성공을 만들어내는 데 필요한 것들을 행하게 되기 때문이다. 대머리에 남아있는 한 올의 머리카락 같은 기회가 와도 기회를 살려 성공으로 이끌게 된다. 의식적이건 아니건, 환경이 그렇게 변한다. 반대로 성공할 수 없다고 생각하면 성공할 수 없다. 아무리 많은 기회가 찾아와도 잡을 수가 없다. 손을 뻗어도 닿지를 않는다. 스스로 그런 환경을 만드는 것이다. 운명을 탓하지 말고 자기 자신을 탓하라.

— 에밀 쿠에, 〈자기암시〉 중에서

우리의 삶에 근본적인 변화를 일으키는 것은 우리의 굳은 의지가 아니라 긍정적인 상상이라고 합니다. 의지를 훈련해야 한다고 주장하는 것은 큰 실수를 범하는 것입니다. 의지와 상상이 싸움을 벌이면 예외 없이 상상이 승리하기 때문입니다. 쉽게 말하면 의식과 무의식의 싸움에서는 항상 무의식이 승리한다는 것입니다. 무의식적인 자기 암시를 통해 우리의 인생을 성공적으로 변화시킬 수 있습니다.

어려운 일 같지만 누구나 간단히 시작할 수 있습니다. 우리는 그동안 무의식적으로 자기 암시를 걸어 왔습니다. 이제는 의식적으로 자기 암시를 하는 것입니다. 대상에 집중하고 나서 다음의 암시 문구를 매일 아침, 저녁으로 외쳐 보세요.

"나는 날마다 모든 면에서 점점 더 좋아지고 있다."

"나는 행운아다!! 나는 행운아다!!"

엄청난 효과를 본 증인이 바로 필자입니다.

인생은 비상이 아니다 · · ·

우리는 우리가 세운 목표를 너무 심각하게 받아들인 나머지 그 과정에서 즐거움을 느끼는 법과 약간의 여유를 허락하는 방법조차 잊어버린다. (중략) 일이 원래 세운 계획에 꼭 들어맞지 않더라도 인생은 계속될 것이다. 이 사실을 명심하고, 다음의 유익한 문장을 반복해서 떠올리자. "인생은 비상사태가 아니다!"

— 리처드 칼슨, 〈사소한 것에 관한 큰 책〉 중에서

목표를 달성하지 못했다고 해서 그 과정 모두가 헛되이 되는 것은 아닙니다. 그 과정 속에서 나에 대해 좀 더 알게 된다면 그만큼의 가치는 충분합니다. 그리고 새로운 목표는 너무 높지 않게 세우고 반드시 달성해 보세요. 물론 이 목표에도 도달하지 못할 수 있습니다. 하지만 도달하지도 못할 목표만 자꾸 세우고 헛된 노력을 해서는 안 됩니다. 성취 가능한 목표를 세운다면 그 과정도 즐길 수 있습니다. 성취 불가능한 목표를 세운다면 목표에만 집착하게 되고 그 과정은 고통이 되어버립니다.

지금 어떤 목표를 가지고 있나요? 그 목표를 달성하지 못해 걱정인가요? 아니면 목표 달성의 성공률만 생각해서 그동안 즐거웠던 일, 보람됐던 일은 모두 잊어버린 건 아닌가요? 그래서 항상 비상사태 선포 중인가요? 찌푸린 인상을 펴보세요. 인생에 비상사태는 없습니다. 목표를 달성하지 못한다고 우리의 인생이 끝나는 것은 아닙니다. 그러니 이제 웃으세요. 그리고 다시 시작하세요. 즐겁게 가다 보면 어느새 목표도 코 앞에서 웃을 것입니다.

자신 낮추기 · · ·

피해의식이란 자기보호심리에서 생기는 것입니다. '나는 길거리에 핀 풀 한 포기와 같다' 이렇게 생각해서 자신이 별 게 아닌 줄 알면 세상사에서 상처 받을 일이 없어요. 자기가 특별한 존재하고 생각하기 때문에 갈등이 생기고 상처가 생깁니다.

— 법륜스님, 〈참자유〉 중에서

어떤 사람이 이렇게 말을 했습니다. "나는 나 자신을 바보라고 생각합니다. 그렇기 때문에 다른 사람이 나를 어떻게 대하든 아무 상관이 없습니다." 나를 인정해 주지 않아도 심지어 멸시를 해도 화를 내지 않겠다는 것입니다. 바보니까 그렇게 대하는 것이 당연하다고 생각하는 것입니다. 그 사람이 진짜 바보일까요?

인간사에서 발생하는 문제들의 대부분은 내가 남보다 낫기 위해 남을 이기려고 하기 때문에 생깁니다. 자신을 낮추는 사람과 부딪히는 문제는 없습니다. 마음의 평화를 얻으려면 마음의 모든 짐을 내려놓고 나 자신조차도 가장 낮은 곳에 내려놓으면 됩니다. 가장 낮은 곳에서 모든 사람과 사물을 바라본다면 진정한 사랑과 감사로 마음이 충만해질 것입니다.

삶에 기뻐하라 • • •

나뭇가지들도 더욱 넓은 세상을 품에 안으려 하는 것 같았습니다.
더 이상 바람에 흔들리는 것을 두려워하는 겁 많은 어린 나무의 몸짓이 아니라 이젠 거센 바람도 자신을 쓰러뜨릴 수 없다는 것을 깨달은 여유로운 몸짓이었습니다. "난 겨울을 이겨냈어!" 나무는 감격하여 큰 소리로 외쳤습니다.

— 메리 페이, 〈겨울을 이겨낸 나무〉 중에서

추운 겨울을 이겨낸 어린 나무가 스스로에게 감탄하며 내 뱉은 말은 삶의 환희입니다. 사람들도 고통을 겪은 후의 삶에 대해 더욱 기뻐하고 감사하게 됩니다. 고통은 반드시 끝이 있습니다. 그리고 고통의 끝에는 기쁨이 기다리고 있습니다. 그 기쁨은 살아 있다는 자체로도 느낄 수 있는 것입니다. 특별한 것을 이루어서가 아닌 고통을 견뎌냈다는 사실만으로도 만족할 수 있기 때문입니다.

고통 없이 성공도 없습니다. 모든 성공한 사람들은 기나긴 고통의 세월을 묵묵히 견뎌낸 사람들입니다. 그리고 그 고통을 통해 단련되어 극도로 겸손해진 사람들입니다. 수많은 고통 속에서 나 자신을 내세우지 않고 나를 낮춤으로써 고통을 극복했기 때문입니다. 그래서 성공한 후에도 자신의 노력을 자랑하지 않고 다만 운이 좋았다고 말할 수 있는 것입니다. 고통 속에서 자기 자신을 한껏 낮출 때 운도 찾아오고 삶도 기쁨으로 다가올 것입니다.

꿈과 능력 · · ·

꿈이 아직 피지 않은 꽃망울이라면 능력은 그것을 활짝 필 수 있도록 가꿔주는 원예사이다. (중략)

큰 꿈이든 작은 소원이든 그 실현 여부를 결정하는 데는 여러 가지 요소가 있겠지만, 그 가운데서도 가장 중요한 것은 자신의 능력이다. 꿈을 실현하는 과정이 곧 능력을 개발하는 과정이기 때문이다.

— 자오광종, 〈결정의 지혜〉 중에서

"지금 자면 꿈을 꿀 수 있지만, 지금 안 자면 꿈을 이룰 수 있다." 백댄서에서 월드 가수가 된 비가 한 말입니다. 그는 또 "연습에는 장사가 없다"라고도 했습니다. 연습은 능력을 개발하고 갈고 닦는 과정입니다. 꿈은 꾼다고 이룰 수 있는 것이 아니라 실현할 능력이 있어야 이룰 수 있는 것입니다. 성공한 사람은 누구나 노력하는 사람이었습니다. 정작 본인들은 운이 좋았다고 하지만 노력하는 사람에게 운도 따르는 법입니다.

2011년 10월 로또복권 당첨금이 이월된 주가 있었습니다. 추첨 전날 로또명당이라는 한 판매점에 사람들이 30미터가량 줄을 선 것을 보았습니다. 그날 따라 평소에 관심이 없던 사람들까지 구매행렬에 가세한 것입니다. 하지만 복권당첨도 매주 꾸준히 구입하는 사람이 대부분이라고 합니다. 하찮아 보이지만 노력이 필요한 것입니다. 로또복권의 큰 당첨금에는 수많은 사람들의 한이 섞여 있어 당첨금을 받은 사람이 특별한 사람이 아니면 당첨될 수 없나 봅니다. 여러분은 인생도박을 한다면 운보다는 자기계발에 돈을 걸어보는 것은 어떠세요?

30배 웃기 ···

메릴랜드 대학의 심리학자 로버트 프로바인의 조사에 의하면, 혼자 있을 때보다 다른 사람들과 함께 있을 때 30배나 더 많이 웃는다고 한다. 보통 웃음은 의사소통의 도구가 되는데, 웃음이란 상대방의 경계심을 없애는 말 없는 유대감이기 때문이다. 우리는 웃음으로 청중의 관심을 끌어낼 수 있으며 웃음에서 이야기를 계속할 수 있는 힘을 얻는다.

— 리즈 호가드, 〈영국 BBC 다큐멘터리 행복〉 중에서

사람들과 재미있는 이야기를 할 때 많이 웃어주면 이야기하는 사람은 더욱 신이 나서 이야기를 잘 이끌어갑니다. TV 오락 프로그램에서도 더 많이 웃기는 사람이 더 많이 이야기하는 것을 볼 수 있습니다. 우리는 나를 재미있게 웃겨주는 사람의 이야기를 듣는 것을 좋아합니다. 그리고 그의 이야기에 더 호응합니다. 여기에서 힘을 얻은 그는 이야기에 더 열을 올립니다.

사람이 웃을 때 많은 근육이 움직이고, 좋은 호르몬이 분비되고, 혈액순환도 좋아진다고 합니다. 내가 웃는 것은 나의 건강을 위해, 다른 사람을 웃기는 것은 그의 건강을 위해 좋은 일을 하는 것입니다. 그리고 함께 웃을 때 더 많이 더 신나게 웃을 수 있습니다. 혼자 있으면 아무래도 쉽게 쓸쓸하고 우울해집니다. 혼자 오래 있지 말고 사람들을 만나세요. 재미있는 이야기를 나누고 함께 웃음을 즐기세요.

마지막 고비 · · ·

"누군가 꿈을 이루기에 앞서, 만물의 정기는 언제나 그 사람이 그 동안의 여정에서 배운 모든 것들을 시험해보고 싶어하지. 만물의 정기가 그런 시험을 하는 것은 악의가 있어서가 아니네. 그건 자신의 꿈을 실현하는 것 말고도, 만물의 정기를 향해 가면서 배운 가르침 또한 정복할 수 있도록 하기 위함일세. 대부분의 사람들이 포기하고 마는 것도 바로 그 순간이지."

— 파울로 코엘료, 〈연금술사〉 중에서

사막에서 목말라 죽는 사람들은 오아시스 근처에 가장 많았다고 합니다. 'Final 3 feet'이란 말이 있습니다. 마지막 3피트를 남겨두고 땅파기를 포기해서 그 밑에 묻힌 금맥을 발견하지 못했다는 이야기에서 나온 말입니다. 한 인디언 부족은 기우제만 지내면 100% 비가 온다고 합니다. 비가 올 때까지 기우제를 지내기 때문입니다. 성공이란 포기하지 않고 끝을 본 사람들의 최고의 수식어입니다.

우리가 찾는 보물은 항상 마지막 한 발치 아래 묻혀 있다고 합니다. 포기하고 싶은 자기 자신을 이겨낼 때 큰 성취를 이룰 수 있는 것입니다. 일의 완성이나 성공을 앞두고 포기하거나 좌절한 적이 있지 않나요? 끝을 보지 않았다면 그건 실패라고 할 수도 없습니다. 해뜨기 직전이 가장 어두운 법입니다. 어두워질수록 눈을 더 부릅뜨고 달려가세요. 그리고 눈부신 태양을 끌어 안으세요.

결단의 힘 · · ·

'할 수 없다'는 생각이 '해낼 수 있다'는 믿음을 압도하고 리드하는 일보다 더 슬픈 게 있을까? 희망이 싹트기 어려운 절망과 좌절의 사고 방식은 계속해서 또 다른 악몽을 낳을 뿐이다. 능력 있는 자가 할 수 있는 것이 아니라 하려는 자에게 능력이 생긴다.

— 박성혁, 〈나비의 꿈〉 중에서

크고 원대한 일을 하기로 결심하면 하늘도 함께 움직인다고 합니다. 론다 번의 〈시크릿〉에 의해 널리 알려진 '끌어당김의 법칙'이 그것입니다. 나의 결단으로 인해 모든 능력과 자원을 끌어당겨 올 수 있습니다. 하지만 그런 능력과 자원으로 나를 채우기 위해서는 우선 내가 비어 있어야 합니다. 모든 의심과 두려움, 과거에 대한 집착 따위를 떨쳐내고 나를 철저하게 비워야 합니다. 그리고 많이 비우면 비울수록 그만큼 많이 채울 수 있습니다.

여러분은 지금까지 사는 동안 어떤 수확을 거두었나요? 이른 결단이 있었다면 그에 따른 노력의 결과로 수확이 있었을 것입니다. 하지만 그렇지 못했다면 지금이라도 바로 새로운 결단을 내리세요. 모든 결단에 늦은 때는 없습니다. 시간은 흐르고 결단의 때는 항상 지금이 가장 빠른 때입니다. 그리고 결단과 동시에 지금까지는 없었던 새로운 능력 또한 생길 것입니다.

나를 줄이세요 · · ·

자신의 '기분'을 이야기한다는 것은 서로의 사이에 가로놓인 두터운 벽을 허물어 버릴 수도 있으며, 누군가에게 상처를 입히거나 탓하는 것과는 다르다.

중요한 것은 "나는 이렇게 생각한다", "나는 이렇게 느낀다", "나는 이렇게 하고 싶다"고 똑똑하게 말하는 것이다.

— 패트 팔머, 〈나를 사랑하게 되는 책〉 중에서

처음 만나는 사람이든 오래 만나 익숙한 사람이든 자신의 얘기를 진솔하게 해야 친밀해질 수 있습니다. 자신을 감추거나 진짜 기분을 말하지 않는 사람에게는 마음을 열 수 없습니다. 상대방이 어떤 생각을 하고 있는지 모르는 상태에서는 나의 마음을 드러내는 것이 쉽지 않기 때문입니다. 하지만 다른 사람에게 나의 감정을 이야기할 때는 신중할 필요가 있습니다. 싫은 소리는 누구에게나 귀에 거슬리기 마련입니다.

있는 그대로의 감정을 상대방에게 표현하면 서로의 벽을 허물어뜨릴 수 있습니다. 하지만 그 과정에서 상대방에게 상처를 줄 수도 있고, 거꾸로 내가 상처를 받을 수도 있습니다. 그러니 감정표현을 할 때도 상대방이 받아들일 수 있을 정도로 최대한 겸손하게 해야 합니다. 상대방의 자아를 위협하지 않을 정도로 나의 크기를 줄이는 것입니다. 그러면 상대방은 자아를 방어할 필요 없이 스스로에 대해 반성할 기회를 가지게 될 것입니다.

기회 준비 ···

꽃은 누구에게나 핀다.
봄은 어디에든 온다.
내가 믿을 수 있는 건 오직 그 사실뿐이다.

— 소노 아야코, 〈오늘 하루도 감사합니다〉 중에서

자연의 사계절은 어김없이 반복됩니다. 봄에 싹이 트고 여름에 자라고 가을에 열매를 맺고 겨울에 씨로 견뎌 다시 봄을 맞이합니다. 봄에 씨앗이 싹을 틔우지 못하면 여름에 자랄 수 없듯이 한 계절은 다음 계절을 위한 준비의 계절이 되어야 합니다. 우리의 인생도 마찬가지입니다. 움직여야 할 때와 멈추어야 할 때가 있습니다. 열심히 일할 때가 있고 성과를 거두어 들일 때가 있습니다. 하지만 항상 다음 때를 준비하고 대비하지 않으면 그때를 제대로 보낼 수 없습니다.

누구에게나 성공할 수 있는 기회는 몇 번이나 찾아옵니다. 내가 모르는 사이에 지나쳐 가는 것 같지만 언젠가 또 돌아옵니다. 기회는 자연스럽게 오고 가는 것이기 때문에 애써 찾을 필요가 없습니다. 오로지 나를 지나갈 때 붙들기만 하면 됩니다. 그리고 그 방법은 바로 미리 준비하는 것입니다. 준비는 기회를 볼 수 있게 해주고, 잡을 수 있게 해주며, 유용하게 쓸 수 있는 다기능 연장입니다. 그동안 몇 번의 기회를 놓쳤다고 후회하고 있나요? 한탄 대신 연장을 갈고 닦으세요. 다음 기회는 놓치지 말아야 하니까요.

내어 맡기기 · · ·

아무 행동도 취할 수 없는 상황에서는 저항을 하거나 온전히 내맡기는 것, 둘 중에 하나를 선택할 수밖에 없지요. 외부 상황의 구속을 받아들일 것인가, 아니면 내면의 자유를 누릴 것인가. 고통을 받을 것인가, 내면의 평화를 누릴 것인가.

— 에크하르트 톨레, 〈지금 이 순간을 즐겨라〉 중에서

세상에는 우리가 인위적으로 바꿀 수 없는 것이 너무나 많습니다. 우리가 세상에 태어나는 것, 지나간 과거, 날씨 등. 하지만 사람들은 이런 사실들을 받아들이지 못하고 마치 바꿀 수 있는 것처럼 불평하고 후회하며 삽니다. 그래서 자유주의 신학자 라인홀드 리버는 평온을 비는 기도로 '바꿀 수 없는 것은 받아들이는 평온을, 바꿀 수 있는 것은 바꾸는 용기를, 또한 그 차이를 구별하는 지혜를 주옵소서'라고 했습니다. 바꿀 수 있는 것은 바꾸고 바꿀 수 없는 것은 받아 들일 때 마음의 평화를 누릴 수 있습니다.

세상이 내 뜻대로 움직이지 않는다고 반항하고 덤빌 건가요? 세상과 싸워 피해를 보는 것은 오직 우리 자신입니다. 마음이 괴롭고 고통스러워 병들게 되는 것입니다. 스스로를 죽이게 되는 것입니다. 하지만 우리가 자신의 뜻대로 빠르고 쉽게 바꿀 수 있는 것이 한 가지 있습니다. 그것은 바로 우리의 생각입니다. 생각을 바꿔 자기 자신을 온전히 세상에 맡겨 보세요. 그러면 비로소 세상은 우리 편이 되어줄 것입니다.

적극적 삶 20 · · ·

1980년대쯤이었을 것이다. 당시 '사랑방 중계'라는 인기 있는 TV 프로그램이 있었는데, 어느 날 여고생 100명에게 "아버지가 출세하지 못한 이유가 무엇이냐"고 물었다. 1위가 무엇이었을까?

'돈이 없어서', '배경이 없어서'라는 대답도 있었다. 하지만 1위는 아니었다. 1위는 '소극적이어서'다. 딸들의 눈에 비친, 아버지가 출세하지 못한 이유는 꾸준히, 그리고 적극적으로 노력하지 않아서였다.

— 서광원, 〈시작하라 그들처럼〉 중에서

아버지들에게 자신이 출세하지 못한 이유를 물었다면 순위는 달라졌을 것입니다. 그리고 자기 자신의 문제보다는 외부 환경이나 다른 사람 탓으로 돌렸을 것입니다. '잘 되면 내 탓, 안 되면 조상 탓'이란 속담도 있지요? 하지만 그들의 자식들은 정확하게 보았던 것입니다. 아버지가 무능한 것이 아니라 소극적이고 노력을 하지 않았다는 것입니다.

아무것도 인간의 노력을 대신할 수는 없습니다. 저절로 이루어지는 일은 없습니다. 열심히 땀을 흘리면 천재도 될 수 있습니다. 항상 꿈만 꾸고 있는 몽상가는 결코 꿈을 이룰 수 없습니다. 무슨 일이든 덤벼드는 것이 필요합니다. 그리고 한 번 시작했으면 끝을 보는 끈기가 필요합니다. 자식에게 자랑스러운 부모가 되고 싶나요? 그렇다면 더 노력하세요. 그것이 현재의 일이든 미래의 일이든.

인생 코치 · · ·

만약 당신이 일을 잘못 처리하고 있는 것이 명백한데 아무도 당신에게 한마디 해줄 생각조차 안 한다면, 그거야말로 무언가 잘못된 것이다. 듣고 싶지 않은 소리일지라도, 당신을 비판하는 사람들이야말로 대부분 당신을 진정 사랑하고 아끼는 사람들이며 당신을 좀 더 발전시키고 싶은 마음을 가지고 있다.

— 랜디 포시, 〈마지막 강의〉 중에서

자신에 대한 비판을 받아들일 줄 아는 사람이야말로 성공할 준비가 된 사람입니다. 그 비판을 통해 잘못을 고치고 분명하게 변화시켜 나가는 사람이기 때문입니다. 대부분의 사람들은 자기 비판을 좋아하지 않습니다. 그리고 비판해 주는 사람도 좋아하지 않습니다. 자신의 잘못을 고치지 않고서는 발전할 수 없는데 말입니다. 그래서 성공하는 사람이 적은 것이기도 합니다.

지금 여러분 곁에 비판해 주는 사람이 있나요? 없다면 그동안 내가 비판을 받아 들이지 않았거나 아니면 그럴 사람이 아예 없다는 뜻입니다. 하지만 실망할 필요가 없습니다. 지금부터 내 인생의 멘토를 만들면 되니까요. 시간과 공간을 초월해서 어느 분이든 모실 수 있는 방법이 한 가지 있습니다. 바로 책입니다. 그리고 열린 마음으로 사람들을 대한다면 주변에서 나의 멘토가 되어 줄 사람을 얼마든지 찾을 수 있을 것입니다.

거인되기 · · ·

우리는 누구나 꿈을 간직하고 있다. 마음속 깊은 곳에서 울려 나오는 소리에 귀를 기울여 보라. "나는 남다른 재능을 가지고 있어. 나는 뭔가 남들과 달라. 특별한 방식으로 사람들을 감동시킬 수 있고, 세상을 멋진 곳으로 만들 수도 있어." 변화 원하지 않는 사람은 운명이 있다고 믿고, 변화를 원하는 사람은 기회가 있다고 믿는다.

— 앤서니 라빈스, 〈네 안에 잠든 거인을 깨워라〉 중에서

대부분의 사람들은 어떤 분야에 최고가 되려고 하기보다는 그냥 남들 하는 만큼만 노력하는 정도에 만족하고 그치는 것 같습니다. '이 정도하면 되었지 뭐! 남들도 다 그렇게 사는데 뭐!!' 이런 자조적 만족이 베토벤이나 빌 게이츠를 더 이상 세상에 배출하지 못하게 할 수도 있습니다.

우리들은 어떤 목표를 이루기 위하여 자신의 모든 잠재능력을 집중하면 즉시 거인처럼 엄청난 능력을 발휘할 수 있다는 사실을 잘 모르는 것 같습니다. 강하게 응집된 집중력이야 말로 마치 레이저 광선 같아서 우리를 가로막는 그 어떤 것이라도 뚫고 나갈 수 있는 것입니다. 우리가 어떤 분야에서 원하는 성취를 이루기 위해서는 지속적이고 반복적으로 생각의 초점을 그곳에 집중해야 합니다. 그러면 그 분야에서 모방이 불가능한 독특한 방법을 발견해 자신의 독보적 위치를 차지할 수 있습니다.

세상을 얻어라 · · ·

커뮤니케이션이 항상 의도한 대로 이루어지지만은 않는다. 말하는 사람이 '들었다고 생각하는 것'과 듣는 사람이 '들었다고 생각하는 것'에는 차이가 발생하기 때문이다. 그래서 대화를 나눌 때는 생각을 하지 말고 상대방에게 온전히 귀를 기울여야 한다.

— 강일수, 〈정청: 내 사람을 만드는 최고의 기술〉 중에서

사람끼리는 진심이 통해야 서로를 이해할 수 있습니다. 그리고 그 진심을 알기 위해서는 나의 모든 집중력을 동원해 상대방의 이야기를 들어야 합니다. 상대방의 생각을 말에서 읽을 수 있기 때문입니다. 100% 주의를 기울여 말을 들어도 100% 정확하게 이해할 수 없는 것이 사람의 말입니다. 이때에는 듣는 것을 잠시 멈추고 제대로 이해했는지 꼭 질문을 해봐야 합니다. 경청과 질문, 이것이 다른 사람을 이해하는 최고의 기술입니다.

사람은 나를 알아주는 사람을 좋아하게 마련입니다. 좋아하는 사람과는 친구가 될 수 있습니다. 옛날 무사들은 자기를 알아주는 사람을 위해 목숨도 바쳤습니다. 그래서 사람의 마음을 얻는 자가 세상을 지배하는 자가 될 수 있는 것입니다. 전 세계가 개방된 사회에서 살고 있는 우리는 저마다 자신을 내세우기 위해 혈안이 되어 있습니다. 인터넷이라는 좋은 수단까지 여기에 열기를 더해주고 있습니다. 하지만 세상을 얻는 사람은 나를 내세우는 사람이 아니라 남을 내세워주는 사람입니다. 세상을 얻고 싶은가요? 그러면 나를 버리세요.

4강 – 노력의 열매 맺기

거장의 휴가 · · ·

"첫째 주는 푹 잤고, 둘째 주에는 친구들과 만나 수다를 떨었고…, 셋째 주부터
는 다시 새 악보 연습에 몰입했어요."

— 서광원, 〈시작하라 그들처럼〉 중에서

세계적인 바이올리니스트 장영주가 수년 만에 한 달 휴가를 보낸 후 인터뷰
에서 한 말입니다. 그녀에게는 음악이 인생입니다. 음악 없이 못산다고 생각해서
휴가 기간조차도 음악을 놓을 수가 없었습니다. 어린 시절에 첼리스트인 고(故) 로
스트로포비치를 만났을 때, 이미 거장이었던 그가 1시간 연습을 놓쳐 무대에 서
기 전에 초조해 하는 모습을 보았습니다. 그녀는 음악을 하면 평생 그렇게 살아
야 하나 하며 포기도 생각했다고 합니다. 하지만 거장 반열에 오른 그녀도 이제
단 하루도 연습을 거르지 못하고 있습니다.

대가란 하루 아침에 만들어지는 것도 아니지만 대가가 되었다고 모든 것이 수
월해 지는 것도 아닙니다. 대가의 길은 평생 노력하는 길입니다. 손을 놓는 그 순
간까지 쉬지 않는 것입니다. 대가가 되는 것이 아니라 작은 성취를 이루기 위해
서도 작은 노력이 끊임없이 필요합니다. 평범한 삶에도 우리가 성취하고 유지해
야 할 일이 있기 때문입니다.

미소 연습 · · ·

옛 인도 속담에 이런 말이 있다.

"자기가 보낸 미소는 자기에게 다시 돌아온다."

사람들은 미소에 반응을 보이고, 미소는 전염되고 거부하기 힘들다. 카리스마 영향력이 강한 사람은 미소를 많이 짓는다. 미소는 자신이 상대방의 말에 주의를 기울이고 있다는 사실을 효과적으로 드러내는 방법이기 때문이다.

— 앤드류 리, 〈기막힌 존재감〉 중에서

'미인대칭비비불' 운동을 아시나요? 미소 짓고, 인사하고, 대화하고, 칭찬하고, 비난 비판 불평 안 하기 운동입니다. 이 중에서 아주 간단하지만 실천하기 어려운 것이 사람들과 마주할 때 미소 짓기입니다. 외국인들도 우리나라 사람들이 유난히 인상을 쓰고 있다고 합니다.

미소는 부드러운 인간관계를 여는 열쇠입니다. 간수를 향한 밝은 미소로 생텍쥐페리는 목숨도 건졌습니다. 생텍쥐페리가 스페인 내란 시 적군에 포로가 되어 죽음이 확실시되는 공포로 수감생활을 하고 있었습니다. 이때 그에게 다가온 간수에게 물었습니다. "혹시 불 있으면 빌려주겠소?" 간수가 가까이와 성냥을 켜는 순간 그와 시선과 마주쳤고, 미소를 지어 보였습니다. 순간 간수의 입가에도 미소가 피어났습니다. 잠시 후 간수는 아무 말 없이 감옥 문을 열고 그를 조용히 밖으로 나가게 했습니다. 게다가 아무에게도 들키지 않게 소리 없이 감옥을 빠져나가 뒷길을 통해 마을 밖까지 그를 안내했습니다. 이렇듯 미소는 신비의 힘을 지니고 있는 것입니다.

오늘을 잡아라 · · ·

인디오 부족 중에는 '현재형'만 사용하는 부족이 있다.
'잠에서 깬다' '사냥하러 간다'
'먹는다' '배부르다' '잔다'
이렇게 그들의 하루는 유유히 흘러간다.
그들의 말에는 '과거형'도 없고, '미래형'도 없다.

— 다쿠 가와모토, 〈내일을 걱정하지 마라〉 중에서

아마존 인디오들에게 배우는 지혜입니다. 그래서 그들은 지나간 일을 후회하지도 않고, 내일을 걱정하지도 않는다고 합니다. 영화 '죽은 시인의 사회'의 대사로 유명한 '카르페 디엠(라틴어 Carpe Diem; '현재를 즐겨라')'이 생활화된 부족입니다. 서양인들 중에는 카르페 디엠을 좌우명으로 삼는 사람들이 많다고 합니다. 카르페 디엠의 뜻을 좀 더 풀어 설명하자면, "과거는 이미 지나가 버렸으니 그리 중요하다고는 볼 수 없고, 미래는 앞으로 다가 올 것이기에 미리 준비해야 하는 것인데 그러자면 미래를 충실하게 준비하기 위해서라도 현재 내가 처한 상황에서 후회 없이 온 힘을 다하고 나머지 결과는 신에게 맡긴다." 라고 할 수 있습니다.

과거를 반성하고 미래를 계획하는 일은 반드시 필요합니다. 하지만 거기에 얽매여 현재를 놓치면 안 되겠습니다. Carpe Diem이 영어로는 seize the day, 즉 '오늘을 잡아라!' 입니다. 여러분은 지금 언제를 잡고 있나요?

멘토 친구 · · ·

두 사람은 한 사람보다 강하다, 그리고 서로에게 헌신하는 두 사람은 열 사람보다 강하다. 우리는 모두 실수하고 때로는 실패하기도 한다. 만일 인생을 홀로 살아가게 된다면 실패할 때 다시 일어서기가 힘들 것이다. 그러나 좋은 친구들과 함께 인생을 살아간다면, 그대가 일어날 수 없을 때 누군가 반드시 그곳에서 그대를 도와줄 것이다.

— 존 맥스웰, 〈프렌즈: 영원한 멘토, 나의 친구〉 중에서

세상에서 가장 소중한 사람은 나를 알아주는 사람입니다. 나를 인정해 주고 격려해 줄 수 있는 사람입니다. 그리고 무엇보다도 나를 있는 그대로 받아주는 사람입니다. 서로가 서로를 있는 그대로 보고 나의 마음대로 하려고 하지 않는 것입니다. 그러면 어려울 때 진정으로 상대방을 도와줄 수 있습니다. 상대방을 주관적인 자기방식으로 대한다면 결코 상대방의 입장에서 문제의 해결책을 찾아줄 수 없기 때문입니다.

10년을 사귄 친구와는 눈빛만으로도 서로 무슨 생각을 하고 있는지 알 수 있다고 했습니다. 여러분도 10년을 사귄 친구가 있나요? 지나간 세월을 되돌려 친구를 사귈 수는 없습니다. 다만 지금부터 한 친구에게 내가 먼저 노력하는 것이 필요합니다. 친구 간의 친밀도에 반드시 긴 세월이 필요한 것은 아니니까요.

베푸는 여유 · · ·

한동안 사용하지 않았으며 앞으로도 쓸 일이 없을 것 같은 물건들을 한데 모으자. 당신에게 별 효용이 없는 이 물건들을 자선단체에 기증하라. 그것들이 다른 사람들의 인생에 가치를 더해줄 수도 있다. 풍요가 막힘 없이 흐르도록 통로를 열어놓기 위해, 당신에게 남아도는 것들을 다른 사람에게 넘겨라.

— 데이비드 사이먼, 〈나를 위한 행복한 구속, 다짐〉 중에서

옷장을 정리하다 보면 자주 입는 옷은 몇 가지 되지 않습니다. 몇 년 동안 한 번도 안 입었던 옷들도 많을 것입니다. 물건들도 마찬가지입니다. 어떤 물건은 쓸데없이 자리를 차지해서 진짜 필요한 물건을 들이는 것을 막고 있을 수도 있습니다. 풍수지리학적으로 집안에 물건들이 너무 많이 쌓여 있는 곳이 있으면 기의 흐름을 막아 안 좋은 일이 일어난다고 합니다.

평소에는 잘 모르지만 이사할 때 많은 짐이 있음을 깨닫습니다. 풍요가 넘쳐서 집은 잡동사니들로 가득해졌습니다. 그것들 중 자신에게는 필요 없지만 절실하게 필요로 하는 사람이 분명히 있습니다. 다른 사람에게 나누어주는 여유를 가지면 좋겠습니다.

경험 게임 · · ·

기억은 체험을 하고자 하는 열정을 식힌다. 괴로웠던 경험으로 다시는 체험하고 싶지 않게 만들기도 하며, 때로는 즐거웠던 추억조차 단지 떠올리기만 하는 차원에 그치게 만들 수 있기 때문이다. 하지만 인생은 경험하는 게임이고 기회는 자주 오지 않는 법이다. 직접적인 체험 없는 삶은 풍부하고 깊은 맛을 느낄 수가 없다.

— 앨렌 랭거, 〈Winning Mind〉 중에서

등산을 해 본 적이 있나요? 등산을 할 때는 힘이 들지만 정상에 올라가면 모든 괴로움은 어느새 잊혀지고 특유의 쾌감을 느낄 수 있습니다. 바로 그 쾌감으로 인해 다른 것들을 망각할 수 있기 때문에 다음에 다시 산을 오르는 힘이 생기는 것입니다. 오로지 고통스럽던 경험만 기억한다면 다시는 등산에 나서지 못할 것입니다.

인생도 등산과 같습니다. 인생은 등산처럼 정상의 환희가 없을 수 있어도 끝까지 올라야 하는 산입니다. 산 밑에 가만히 있는 것은 인생을 포기하는 것입니다. 일단 오르기 시작하면 좋은 경치도 구경할 수 있고, 좋은 사람들도 만날 수 있습니다. 정상에 도달하지 못해도 실패한 인생은 아닙니다. 하지만 고통이 두려워 오르지 않는다면 정상에는 결코 도달할 수 없습니다. 여러분이 가야 할 목표가 정상에서 까마득히 높아서 보이지 않더라도 일단 한 발을 내딛어 보세요. 묵묵히 걷다가, 잠시 쉬다가, 시원한 물도 한 모금 마셔보고, 투덜거려도 보다가 다시 또 걷다 보면, 어느덧 목표에 도달해 있을 것입니다.

걱정인형 ···

걱정의 40%는 절대 현실로 일어나지 않는다.

걱정의 30%는 이미 일어난 일에 대한 것이다.

걱정의 22%는 사소한 고민이다.

걱정의 4%는 우리 힘으로는 어쩔 도리가 없는 일에 대한 것이다.

걱정의 4%는 우리가 바꿔놓을 수 있는 일에 대한 것이다.

— 현대성공과학연구원 엮음, 〈마침표를 찍어라〉 중에서

바로 계산되었나요? 우리가 하는 걱정의 96%는 하지 않아도 되는 걱정입니다. 하지 않아도 될 걱정으로 인해 불안, 두려움, 심지어 우울증까지 겪는 사람도 있습니다. 스트레스가 커지면 우리의 건강까지 해칠 수 있습니다. 발전적인 변화를 위해 4%의 걱정만 필요합니다. 필요 없는 나머지 걱정은 걱정인형에게 맡기세요.

말로는 쉬운데 사실 걱정 버리기를 실천하기는 쉽지 않습니다. 어쩌면 자신도 모르는 사이에 걱정에 중독되어 있는지도 모릅니다. 어떤 중독이든 치료는 어렵습니다. 하지만 치명적인 병을 유발할 수 있는 걱정 중독은 노력으로 벗어나야만 합니다. 여러분의 다양한 걱정을 대신해 줄 걱정인형을 마련해 보는 건 어떨까요? 보험 든 것 같이 든든할 것입니다.

하늘 날기 · · ·

"어떻게 하면 나비가 되죠?"
"날기를 간절히 원해야 돼.
하나의 애벌레로 사는 것을
기꺼이 포기할 만큼 간절하게."

— 트리나 폴러스, 〈꽃들에게 희망을〉 중에서

애벌레는 때가 되면 고치를 만들고 죽음과 싸우는 극한의 변화를 거쳐 나비가 됩니다. 그러한 변화를 두려워한다면 하늘을 나는 나비가 아니라 편하게 잎사귀나 뜯어 먹는 애벌레로만 살게 됩니다. 혹시 지금 애벌레로 지내는 것에 안주하고 있나요? 여러분은 충분히 나비가 될 수 있습니다. 애벌레의 편안한 삶을 포기할 수 있는 용기만 있으면 됩니다.

애벌레가 나비가 되기까지는 고통이 따릅니다. 애벌레로 살아야 하는 시간도 필요합니다. 일종의 준비기간입니다. 그 준비를 통해 뽑은 실로 고치를 만들고 그 안에 갇혀 또 시간을 보내야 합니다. 인고의 세월이 지나고 마지막으로 고치를 뚫고 나오는 고통을 겪습니다. 그리고 그 고통을 견뎌내야 나비는 근육을 단련하고 비로소 날 수 있습니다. 실제로 나비가 고치를 나올 때 사람이 손으로 고치를 찢어 주면 나와서 날지 못하고 그냥 죽어버린다고 합니다. 작은 곤충도 그런데 사람으로서 큰일을 쉽게 할 수 있을까요? 지금 고통을 겪고 있다면 희망을 가지세요. 그리고 이겨내세요. 나비로 훨훨 날 수 있는 내일이 기다리고 있습니다.

환경을 지배하라 · · ·

정신적인 스트레스란 우리에게 주어진 조건에 저항하거나 도피하고자 함으로써 스스로를 그물에 가두는 데서 생겨나는 것일 뿐, 우리에게 주어진 조건 자체에 어떤 힘이 있는 것은 아니다. 스트레스를 '창조할 수 있는' 힘을 가진 것은 아무것도 없다. 어떤 사람에게는 혈압을 올리는 시끄러운 음악이 다른 사람에게는 기쁨의 원천이 될 수 있다. 이혼도 원하지 않을 때에는 큰 아픔이 되지만, 원하는 사람에게는 해방을 뜻한다.

— 데이비드 호킨스 박사, 〈의식혁명〉 중에서

인생에서 일어나는 사건 자체가 우리에게 어떤 영향을 주는 것은 아닙니다. 영향을 주는 것은 그 사건에 대한 우리의 반응과 태도입니다. 우리는 환경의 지배를 받는 입장이 아니라 반대로 지배하는 위치에 서 있습니다. 그러므로 동일한 환경이 우리의 태도에 따라 긍정적인 영향을 줄 수도 있고 부정적인 영향을 줄 수도 있습니다.

이렇게 되면 어떤 외부의 사건이든지 긍정적으로 해석하는 것이 바람직할 거라는 결론이 나옵니다. 그 사건이 우리에게 부정적인 스트레스로 작용하지 못하도록 반응해야 한다는 것입니다. 사람은 생각으로 만들어지는 것입니다. 이제 여러분은 어떤 선택을 할건가요?

읽기 습관 · · ·

자기계발서가 지닌 실용성을 폄하하는 사람들이 있지요. 하지만 자기계발서는 타인의 습관을 엿보는 기회를 줍니다. 자기계발서를 읽으며 타인의 방식을 통해 자신을 들여다볼 수 있고, 좋은 습관을 배울 수도 있습니다.

— 공병호, 〈일취월장〉 중에서

자기계발서에는 인생과 인간의 모든 학문이 녹아 들어가 있습니다. 당대의 구체적인 생활방식을 제외하면 인간이 사는 방식은 예나 지금이나 변함이 없습니다. 따라서 자기계발서를 읽는 것은 인생을 읽는 것이고 인생을 사는 방법을 읽는 것입니다. 책으로 엮어진 이야기는 대부분 지난 일입니다. 이미 결과가 나온 이야기입니다. 다시 말하면 결과가 증명된 이야기입니다.

자기계발서에는 대부분 '이렇게 하면 이렇게 된다'는 이야기가 나옵니다. 어떤 진리, 법칙, 원칙을 담고 있습니다. 100%의 절대 진리는 없겠지만 그래도 성공한 사람이 간 길을 따라가면 성공할 확률은 높아집니다. 문제는 자기계발서가 수없이 많은 만큼 성공의 길도 많습니다. 그러나 선택은 하나입니다. 눈을 감고 그냥 아무 길을 갈 것인가요? 눈을 크게 뜨고 내 길을 찾을 것인가요? 눈을 뜨고 싶다면 먼저 책을 읽으세요. 자기계발서 안에 있는 여러 길을 걷다 보면 진짜 내 길을 알 수 있을 것입니다.

행복 가족 · · ·

가족의 정서적 분위기가 어떠한지 살펴보면 그 가족이 얼마나 건강한지 미루어
짐작할 수 있다. 가족이 존재하는 목적은 가족 개개인이 성숙한 인간으로 자라도
록 비옥한 토양이 되어주는 것이다. 가족이라는 관계의 토양 위에서 자아, 독립성,
생산성을 분명히 자각할 수 있도록 일깨워주는 것이다.

— 토니 험프리스, 〈가족의 심리학〉 중에서

사람은 태어나서 독립된 인간으로 살아갈 수 있을 때까지 가족의 보호가 필
요합니다. 학습을 통해 뇌가 성장하는 것은 5세 때까지로 출생 초기의 정서적 경
험은 더욱 중요합니다. 이 시기의 불행한 경험으로 인해 성인이 되어 정서적 장
애를 겪거나 범죄자가 되는 것을 흔히 볼 수 있습니다.

가족은 언제나 최선을 다합니다. 하지만 모든 가족이 행복한 것은 아닙니다.
서로의 욕구를 제대로 알고 노력하는 것이 아니라 각자 자신의 사고의 틀 안에서
최선을 다하기 때문입니다. 배우자, 부모, 자녀와의 엉켜버린 관계를 회복하고
싶나요? 고통스러운 가족사나 불행했던 어린 시절에서 벗어나고 싶나요? 그렇다
면 지금 바로 구성원들이 서로 어떤 생각을 하고 있는지 어떤 관계를 맺고 있는
지부터 알아야 합니다. 서로를 아는 만큼 행복은 커집니다.

이제 이야기 해보세요! 좀 더 알고 싶다고.

빛나는 면 · · ·

"구름 위에 태양이 항상 빛나듯이 자네의 문제 뒤에서는 항상 빛이 빛나고 있다네. 살아가면서 행여 그림자를 보게 된다면 그것은 자네가 해를 뒤로 하고 있기 때문일세. 그림자를 없애려면 그저 간단히 자네가 뒤를 돌아 빛을 바라보면 된다네."

— 존 하리차란, 〈행복한 멈춤〉 중에서

인생은 항상 밝은 면과 어두운 면이 공존합니다. 그리고 바라보는 대로 어느 한 면만 드러납니다. 어두운 면을 바라보면 앞이 어두워지고, 밝은 면을 바라보면 앞이 밝아집니다. 비가 올 때 먹구름만 있다고 생각한다면 실망하고 좌절할 것입니다. 그러나 그 먹구름 위에 태양이 있다고 생각한다면 용기를 내어 어려움을 극복해낼 것입니다.

어두운 면 자체를 밝게 만들 수는 없습니다. 하지만 내가 불빛을 밝히면 어두움 속에서도 길을 잃지 않고 앞으로 나아갈 수 있습니다. 그것은 바로 믿음이라는 불입니다. 희망이라는 빛입니다. 먹구름 뒤에는 찬란한 태양이 있다는 믿음과 언젠가 그 태양을 볼 수 있다는 희망입니다. 지금 어둠 속에서 고통 받고 있나요? 반드시 그 고통의 끝이 있고 성공할 수 있다는 믿음과 희망을 가지세요. 생각은 원인이고, 상황은 결과입니다. 즉 사람의 생각이 그 사람 자체를 만드는 것입니다.

용서의 선물 · · ·

용서는 힘들게 노력해서 벌어야 하는 것이 아니라네. 다시 말해 용서는 공짜로
나누어주는 선물이라는 거지. 내가 남을 용서해주면 내 마음 속에 있는 분노와 증
오를 해소시켜 나의 영혼을 자유롭게 풀어놓을 수 있어. 이처럼 남에게 그저 베풀
어준 용서는 또한 나 자신을 위한 선물이 되기도 하지.

— 앤디 앤드루스, 〈폰더 씨의 위대한 하루〉 중에서

나를 사랑하는 사람이 남을 사랑할 수 있습니다. 자신에 대한 부정적인 감정
을 가진 사람은 다른 사람을 진정으로 사랑할 수 없습니다. 마찬가지로 남을 용서
하기 위해서는 나를 먼저 용서해야 합니다. 자신의 잘못을 끌어안고 얽매여 있다
면 다른 사람의 과실 또한 용서해줄 수 없습니다. 내가 지금까지 했던 잘못과 부
정적인 모습들을 찾아내고 용서할 때 우리는 비로소 남을 용서할 수 있습니다.

남에 대한 용서는 곧 자기 사랑입니다. 우리 안에 타인에 대한 부정적인 생각
과 감정을 가지고 있으면 우리 또한 편할 수가 없습니다. 오히려 잘못을 한 당사
자는 모든 걸 잊고 편한 상태일 수도 있습니다. 타인을 용서할 때 내면에 있는 부
정적인 요소가 해소됩니다. 그래서 타인에 대한 용서는 결국 나를 위한 것이 됩
니다. 그리고 그것은 공짜로 선물을 주는 일처럼 쉽고 기쁜 일인 것입니다. 지금
마음에 나쁜 감정을 가지고 있나요? 좋은 기억은 대리석에 새기고 나쁜 감정은
모래 위에 새기세요. 그리고 자유로운 마음을 찾으세요.

관념 이탈 ・・・

신바람 나는 삶을 사는 것은 생각보다 어렵지 않다. 마음가짐만 조금 바꾸면 누구나 신바람 나게 살 수 있다. 가만히 앉아 '도무지 신바람이 나지 않아. 어떻게 해야지?' 끊임없이 생각해봐야 아무 소용없다. 스스로 일어나 신바람을 일으켜야 한다.

— 윤석금, 〈긍정이 걸작을 만든다〉 중에서

"코끼리를 냉장고에 넣을 수 있나요?"이 질문에 많은 사람들은 "어떻게 코끼리를 냉장고에 집어넣을 수 있지요?"라고 반문할 것입니다. 그러나 답은 의외로 간단합니다. 첫째, 냉장고 문을 연다. 둘째, 코끼리를 집어넣는다. 셋째, 냉장고 문을 닫는다. 대부분의 사람들은 불가능하다고 단정 지었던 '콜럼버스의 달걀'과 같은 맥락의 이야기입니다. 코끼리가 들어갈 수 있을 크기의 냉장고가 있는지는 그 다음에 생각할 문제입니다. 만약 큰 냉장고가 없다면 그 냉장고를 만들면 됩니다.

많은 사람들이 시도조차 해보지 않고 많은 기회를 놓치고 있습니다. 바로 고정관념이라는 커다란 바위에 미리 겁을 집어 먹었기 때문일 것입니다. '안될 거야!', '불가능해!', '다른 사람도 실패했는데! 내가 어떻게?', '다들 안 된다고 하는데?' 이런 고정관념의 고립된 사고에서 벗어나세요. 그리고 나의 관성의 벽을 뛰어 넘어 인내와 노력으로 모든 한계를 극복하는 시도를 해보세요! 성공하면 Best of Best 이고, 실패 하더라도 거기서 교훈을 얻어 다시 도전하면 됩니다. 제일 큰 리스크는 고정관념의 벽에 갇혀 아무것도 안 하는 리스크입니다.

나를 벗어나는 행복 ···

지금 나는 삶을 즐기고 있다. 한 해 한 해를 맞을 때마다 나의 삶은 점점 즐거워질 것이다. 이렇게 삶을 즐기게 된 비결은 내가 가장 갈망하는 것이 무엇인지를 알아내서 대부분은 손에 넣었고, 본질적으로 이룰 수 없는 것들에 대해서는 깨끗하게 단념했기 때문이다.

하지만 무엇보다도 내가 삶을 즐기게 된 주된 비결은 자신에 대한 집착을 줄였다는 데 있다.

— 버트런드 러셀, 〈행복의 정복〉 중에서

자신에 대한 집착이란 지나치게 자기자신에게 몰입하는 것입니다. 그럼으로써 죄의식을 느끼거나 자기도취, 과대망상에 빠지게 됩니다. 자기파괴적인 상태에 이르러 불행해하는 것입니다. 우리가 외부의 대상에 눈을 돌릴 때 생산적인 활동이 가능해 집니다. 그러한 활동에서 즐거움을 느끼고 비로소 행복해 질 수 있습니다. 자신을 좀 벗어나 다른 것에 관심을 기울이는 것도 행복으로 가는 길입니다.

불필요한 집착에서 벗어나 보세요. 우리가 지금 집착하고 고민하는 문제는 10년이나 20년 뒤에나 일어날 수 있는 문제이고, 어쩌면 일어나지 않을 수도 있습니다. 시간이라는 마술로 자연히 해결되기도 합니다. 1백 년도 못사는 사람이 1천 년 동안의 걱정거리를 안고 살 필요는 없습니다.

마음의 벽 • • •

"우리는 다른 사람과 다른 특별한 사람이라는 생각, 스스로 항상 옳고 자신의 행동은 당연한 것이라는 생각에 빠져 있지. 그래서 그것이 다칠까봐 다른 사람들이 다가올 수 없도록 벽을 쌓고, 또 다치지 않게 갑옷을 입지. 어느 순간 벽 안에 갇히고 갑옷에 갇히게 되는 거야. 자신을 지키는 것이 아니라, 벽을 지키고 갑옷을 지키는 사람이 되어버린 거지."

— 로버트 피셔, 〈마음의 녹슨 갑옷〉 중에서

최근 소셜미디어가 발달하면서 꼭 사람들을 직접 만나지 않더라도 많은 사람들과 접촉하고 가상적 관계를 맺을 수 있습니다. 하지만 물리적으로는 여전히 대부분의 사람들이 한정된 공간과 관계 속에서 소수의 사람들과 함께 생활하고 있습니다. 그만큼 현실적인 인간관계의 폭은 좁습니다. 그러면서도 남이 나와 다르다는 것을 잘 인정하지 않기 때문에 가까운 사람과의 관계에도 금이 가곤 합니다.

마음의 철벽을 둘러 놓고 사는 사람은 인간관계 속에서만 얻을 수 있는 삶의 풍요로움과 행복을 느낄 수 없습니다. 하지만 철벽 밖에 있는 나의 주변 사람들은 모두 나와 특별한 인연으로 만나게 된 사람들입니다. 그리고 그 사람이 누구이든 나와는 다르다는 것을 인정하고 받아들일 때 우리는 비로소 삶에서 소중한 것들을 누릴 수 있습니다. 지금 당장 마음의 철벽을 허물어 보세요.

종신 직업 …

직장생활을 하면서 가장 먼저 가슴에 와 닿는 말은 '아부 체질인 사람 없고, 아부 싫어하는 사람 없다'는 것이다. 사람은 자연스럽게 환경에 적응한다는 말이다. 평생직장의 사회에서는 한번 찍히면 끝이기 때문에 조직에 적응하는 것만이 살아남는 유일한 길이었다. 하지만 이제는 평생직업의 시대이므로 한 조직에 매몰되기보다는 시장의 흐름에 보조를 맞출 수 있는 사람만이 살아남을 수 있다.

— 민진규, 〈직업이 인생을 결정한다〉 중에서

확실히 세상은 변했습니다. IMF 이후 급속히 평생직장의 개념은 무너졌고, 취업과 이직은 무척 어려운 상황입니다. 과거와 현재가 공존하는 직업세계에서 어떻게든 현재 직장에서 살아남고자 마치 옷에 몸을 맞추는 일이 다분히 일어나고 있습니다. 대부분의 사람들이 어떤 직장이든 상관 없이 평생 다닐 수 있는 일을 찾는 것이 쉽지 않기 때문입니다. 시장은 계속 흘러가도 나는 멈춰 있는 것입니다.

무엇보다도 출신이나 학교 전공, 그동안 배워왔던 것들이 발목을 잡습니다. 과거의 나를 살려 종신 직업을 찾을 수 있다면 다행입니다. 하지만 대부분은 급변하는 현실 속에서 종신 직업을 찾기 위해서 나를 변화시켜 새롭게 태어나야만 합니다. 마인드의 변화뿐만 아니라 새로운 학습과 훈련이 필요합니다. 여러분의 현재 직업은 종신 직업이 될까요?

꿈의 주변 · · ·

같은 날 같은 시각에 산 정상을 향해 출발한 사람들이 있다. 어떤 사람은 오로지 정상을 목표로 잠시도 쉬지 않고 발걸음을 재촉한다. 또 어떤 사람은 정상에 깃발을 꽂는 일보다, 산 아래의 고즈넉한 분위기와 여유로움을 즐긴다. 인생도 이와 마찬가지가 아닐까? 자신이 현재 서 있는 위치에 따라 감상하게 되는 풍경은 모두가 다르며, 각자 자신의 능력과 상황에 맞게 대처하는 방법 역시 제각각인 것이다.

— 자호 편저, 〈황하에서 길어올린 삶의 지혜〉 중에서

자신의 꿈을 이루는 사람은 1%에 불과하다고 합니다. 그렇다고 꿈을 이루지 못한 삶이 의미 없는 것은 아닙니다. 꿈은 꿈입니다. 우리가 꿈만 꾸고 살 수는 없듯이 나머지 현실은 현실대로 살아야 하는 것입니다. 어떻게 사느냐가 문제겠지요. 산의 정상 아래에 있는 풍경을 즐기는 기쁨이 더 크다면 반드시 정상을 정복해야 하는 것은 아닙니다.

꿈을 이루지 못하는 99%의 인생이 불행하지만은 않습니다. 소시민적 삶이 고달프더라도 비록 꿈을 이루지 못하는 길이더라도 우리는 걸어 가야 합니다. 끝까지 못 가더라도 우리는 걸어 가야 합니다. 걸어 가야만 볼 수 있는 것이 있으니까요.

미래의 눈 · · ·

성공적인 삶을 살아가는 사람은 미래의 관점에서 현재를 바라볼 수 있는 능력을 가진 사람이다. 지금 무엇을 할 것인지를 결정하려면 미래의 관점에서 과거와 현재를 조망해야 한다.

— 이민규, 〈자기긍정의 힘〉 중에서

과거와 현재에 집착하다 보면 큰일을 할 수 없습니다. 과거에 지나간 것과 현재 무엇이 중요한지 판단하기 어렵기 때문입니다. 하지만 미래의 관점에서 긴 시간을 놓고 보면 그러한 일들이 시간이 흘러 어떤 결과들을 낳을 것인지 알 수 있습니다. 궁극적으로는 우리 인생의 마지막에 무엇이 중요할지도 알 수 있습니다. 그러면 현재의 일에 우선순위가 정해질 것입니다. 시간관리이론에서 말하는 중요한 일과 급한 일, 그리고 그렇지 않은 일이 구분되는 것입니다.

미래의 관점을 갖기 위해서는 우리가 그 시점까지 달성해야 할 목표를 세우는 것이 중요합니다. 그 목표는 과거와 현재를 미래와 묶어주는 고무줄과도 같은 역할을 할 수 있습니다. 즉 우리를 우리가 바라는 미래로 끌어당겨주는 것입니다. 미래로 끌어당겨지다 보면 현재를 희생해야 할 때도 있습니다. 이것이 '욕망보류'라는 것입니다. 미래의 더 큰 만족을 위해서는 지금 당장의 만족을 보류해야 한다는 것입니다. 편안한 미래를 꿈꾸나요? 그렇다면 지금 안주하지 마세요. 사서 고생하세요.

미래를 만드는 사람 · · ·

"사람들은 보통 과거의 사례를 언급하면서 연설을 시작한다. 그러나 나는 주로 미래를 얘기한다. 발전을 원하는 사람은 먼 미래를 내다봐야 한다."

"미래를 바꾸려고 시도하지 않는 사람은 과거의 노예상태로 머무르게 된다."

"미래는 개척하는 자에게 주어지며 지도자는 큰 기회를 만났을 때 확실히 잡아야 한다. 만약 기회가 오지 않을 경우 기다려서는 안 된다. 자신이 직접 그 기회를 만들어야 한다."

— 최진영, 〈셰이크 모하메드〉 중에서

공부가 목적이 아니라 미래를 적극적으로 준비하기 위해 '미래학'을 공부해야 합니다. 여기 국가의 미래를 만들어 가는 사람이 있습니다. 바로 두바이의 셰이크 모하메드 국왕입니다. 두바이의 개발 신화에 대해 들어본 사람들은 두바이가 당연히 석유로 인해 발전했다고 생각합니다. 하지만 두바이의 산업구조 중 석유가 차지하는 비중은 놀랍게도 3% 이하입니다. 그나마도 2020년에는 거의 고갈된다고 합니다.

오늘날의 두바이, 그리고 미래의 두바이를 만들 수 있게 된 것은 셰이크 모하메드 국왕과 그의 선친 셰이크 라시드의 상상력과 비전 때문이었습니다. 두바이에서는 실패를 제외하고 모든 것이 가능하다고 합니다. 우리도 못하란 법 없겠지요?

5강 - 내 인생 찾아보기

웃음의 힘 · · ·

자신이 일하는 일터에서 어떠한 상황에서든 재미를 찾고 긍정적인 마음으로 일을 하다 보면 웃음을 찾게 된다. 그것은 개인의 성공은 물론이고 개인이 몸 담고 있는 조직에도 긍정적인 요소를 제공하는 것이다.

— 문석근, 〈백만불짜리 웃음〉 중에서

현대인의 생활이 각박해지면서 일상생활에서나 일터에서나 웃음을 잃어가고 있습니다. 그래서인지 사람들을 억지로라도 웃게 만드는 TV 오락 프로도 많아졌습니다. 오락 프로그램을 보면 웃긴 장면의 끝에 여러 사람이 웃는 소리가 나옵니다. 내 생각이 어떠하든 남들이 웃으니 따라 웃으라는 것입니다. 웃기지도 않은데 웃으라면 억지 일 수 있지만 억지로라도 웃다 보면 기분이 좋아지는 것은 사실입니다.

사람의 기분이 행동을 좌우하지만 반대로 사람의 행동이 기분을 좌우하기도 합니다. 기뻐서 웃는 것이 아니라 웃어서 기쁘기도 하다는 것입니다. 정말로 웃게 만드는 것은 나 자신과 관련된 정말로 기쁜 일일 것입니다. 하지만 늘 그런 일만 있을 수는 없습니다. 그러니 긍정적인 마음으로 세상의 좋은 면을 더 많이 바라보세요. 그리고 많이 웃으세요. 그러면 세상도 우리들을 향해 웃을 것입니다.

한 번의 여행 · · ·

"인생은 반복해서 탈 수 있는 놀이기구가 아니에요. 한 번밖에 없는 여행이기 때문에 최대한 즐겨야 하죠, 여행 자체를 즐긴다면 우리는 이 우주가 주는 선물을 있는 그대로 만끽할 수 있을 거예요. 그런데도 사람들은 때로 지금 눈앞에 선물로 주어져 있는 그 커다란 우주를 보지 못하고 조그만 것에 집착하죠."

— 존 고든, 〈에너지 버스〉 중에서

지금 이 순간이 여행을 떠나온 시간이라고 생각하면 한시가 아까워 최대한 즐기려고 할 것입니다. 과거의 고통스러운 기억, 현재의 어려운 일, 미래에 대한 걱정 모두 잊고 현재의 즐거움에 집중할 것입니다. 하물며 그 여행이 처음이자 마지막 여행이라면 어떨까요? 인생이 그렇습니다. 정해진 종착지를 변경할 수는 없습니다.

인생의 문제는 그것이 당연한 사실이기 때문에 대부분 잊고 산다는 것입니다. 어쩌면 불쾌한 사실이기 때문에 의도적으로 잊으려고 하는 것일지도 모릅니다. 하지만 반드시 기억해야 합니다. 우리의 인생 여행은 한 번뿐이고, 종착지가 정해져 있고, 그 기간은 사람마다 다르다는 것을요. 내가 헛되이 보낸 오늘은 어제 죽은 이가 그토록 그리던 내일입니다. 오늘 하루를 즐겁고 의미 있게 살았으면 좋겠습니다.

재능 찾기 · · ·

부모님께 직접 어린 시절의 나에 대해 여쭈어 보자. 무엇을 좋아했고 무엇을 싫어했는지, 무엇에 얼굴을 찡그리고 기분 나빠했는지, 어떻게 몸을 움직였는지, 어떤 행동을 하고 무슨 말을 했는지 물어보라. 인상 깊었던 장면과 그것을 통해 발견한 자식에 대한 힌트를 물어보라. 나는 어떤 사람으로 태어났는가? 내가 갓난아이 때부터 선물 받은 재능은 어떤 것인가?

— 구본형변화경영연구소, 〈나는 무엇을 잘 할 수 있는가〉 중에서

누구나 어린 시절의 재능이 있었을 것입니다. 그리고 그와 함께 미래에 대한 꿈도 꾸었을 것입니다. 그 재능과 꿈들이 지금도 살아 있나요? 그 재능을 살려 꿈을 이루어 가고 있는 사람이 있습니다. 그 재능을 살리지 못했거나 심지어 그런 재능이 있었다는 것조차 잊고 살아가고 있는 사람도 있습니다. 만약 여러분이 후자에 해당된다면 부모님께 여쭈어 보세요. 기억나지 않는 아주 어린 시절을 말입니다.

'하늘색 꿈'이란 노래 가사 중에 '이미 지나버린 나의 어린 꿈이 생각나'라는 소절이 있습니다. 자기가 재능 있던 일, 꿈꾸던 일이 무엇인지 하얀 종이에 기억을 되살려 한 번 적어 보세요. 그리고 그 꿈을 간직하고 준비하세요. 언젠가는 '가슴이 시키는 일을 할 수 있을 때까지……'

안한일 · · ·

조사에 따르면, 사람들은 단기적으로는 실패한 행위에 강한 후회의 감정을 느끼지만, 장기적으로는 하지 않았던 것을 후회하며 통탄스러워 하는 것으로 드러났다. 이러한 사실은 마크 트웨인(Mark Twain)의 다음과 같은 격언을 뒷받침해준다. "20년이 지나면 했던 일보다 하지 않았던 일들을 후회하게 된다."

— 개리 벨스키 · 토마스 길로비치, 〈돈의 심리학〉 중에서

행동 경제학자들이 말하는 '후회 회피regret aversion'라는 개념이 있습니다. 사람들이 아무것도 하지 않는 것보다 무언가를 해서 보다 커다란 책임이 따르는 것, 즉 후회의 감정을 최대한 회피한다는 것입니다. 어떤 일을 했다가 잘못 되어 후회할까 두려워 아무것도 안 하는 것은 더 큰 문제입니다. 하지만 길게 보았을 때, 곧 인생을 다하는 시점에서 사람들은 무언가를 하지 않았다는 것을 가장 많이 후회한다고 합니다.

지금 무언가를 시도해서 실패한다면 실망하고 좌절하고 후회할 수 있습니다. 하지만 그것을 두려워해서는 안 됩니다. 긴 인생에서 보면 그러한 도전과 실패 없이 성공도 없기 때문입니다. 당장은 괴로워도 실패의 후회를 견뎌낼 때 더 큰 후회를 하지 않게 될 것입니다. 혹시 후회의 두려움으로 아무것도 하지 않고 있나요? 바로 그 사실을 후회하지 않으려면 지금 바로 무언가를 하세요.

친구 가꾸기 · · ·

사람들은, 마치 가족의 관계처럼 친구 관계도 저절로 이루어지는 것으로 믿고, 관계에 금이 가더라도 그것은 어쩔 수 없는 일인 것으로 여기며 그저 상심만 하고 만다. 다른 사람들과 함께 나눌 수 있는 관심사가 많고, 관계에 투자할 만한 자유 시간도 많은 청소년기에는 친구를 사귀는 것이 아주 자연스러운 과정처럼 보일 수도 있다. 그러나 그 시기가 지나면 친구 관계는 결코 우연히 이루어지지 않는다. 친구 관계도 직장이나 가정 생활을 꾸려나가는 것처럼 열심히 가꾸어 나가야만 하는 것이다.

— 미하이 칙센트미하이, 〈몰입, 미치도록 행복한 나를 만나다〉 중에서

평균수명이 늘어나면서 노년생활도 점점 더 길어지고 있습니다. 그때를 함께할 친구의 필요성이 더 절실해 지는 것입니다. 배우자에게만 매달리면 환영 받지 못할 것이기 때문입니다. 친구하면 떠오르는 것이 우선 학교동창입니다. 그들은 오랜만에 동창회에서 만나도 세월을 넘어 반갑게 만날 수 있습니다. 하지만 평소에 친구로 지내려면 따로 만나는 시간도 있어야 하고 그러기 위해서 정성도 들여야 합니다. 안보면 잊혀지는 법이기 때문입니다.

사람들은 받는 것을 좋아합니다. 하지만 친구를 사귀려면 주는 사람이 되어야 합니다. 자신의 것을 나누어 주는 사람 주변에는 친구가 많습니다. 나와 평생을 함께 할 사람이 많다는 것 그 자체가 내가 받게 되는 가장 큰 혜택이 아닐까요? 더 많은 친구가 필요하세요? 멀어진 사람, 잊혀진 사람에게 먼저 연락하세요. 주변사람들에게 마음을 나누어 주세요. 그러면 쓸쓸한 미래는 없을 것입니다.

별을 보라 · · ·

뉴스는 한 번도 좋은 소식을 다룬 적이 없다. 사람들이 귀 기울여 주목하는 것은 늘 나쁜 소식이다. 그리고 그것은 정말 납득이 가는 소리다. 수백만 대의 차가 날마다 사고 없이 무사히 통근을 하고 있다는 좋은 정보가 있는데도 정작 뉴스가 되는 것은 연쇄충돌사고를 당한 10대의 차량이다.

— 도널드 R. 키오, 〈실패하는 사람들의 10가지 습관〉 중에서

감옥에서 벽에 난 창을 통해 밖을 내다보던 두 죄수의 이야기를 아시나요? 한 사람은 바닥의 진흙탕을 바라 보았고, 다른 사람은 하늘의 별을 바라 보았습니다. 같은 창을 통해서도 사람에 따라 절망을 볼 수도 있고, 희망을 볼 수도 있다는 이야기입니다. 훗날 어떤 사람이 잘 되었을까요?

뉴스는 기대감과 즐거움을 주기보다는 부정적인 생각으로 사람들을 몰고 가는 경우가 많습니다. 뉴스를 많이 듣기보다는 단 한 줄이라도 좋은 글을 읽는 것이 바람직하지 않을까요? 긍정의 글은 우리의 뇌를 밝혀주는 열쇠이기도 합니다. 기분 좋은 긍정의 생각을 많이 하고 한 치 앞도 보이지 않는 암흑에서도 항상 별을 찾아 보세요.

사랑의 양 · · ·

사랑도 마찬가지입니다. 기회만 주어진다면, 저는 여러분 모두를 똑같이 사랑할 수 있습니다. 그렇게 한다고 해도, 지금 이 순간 제가 갖고 있는 사랑의 양과 사랑할 수 있는 잠재력에는 조금도 변함이 없을 것입니다.

— 레오 버스카글리아, 〈살며 사랑하며 배우며〉 중에서

내가 가진 지식을 다른 사람에게 나누어준다고 해서 내 안의 지식이 줄어드는 것은 아닙니다. 사랑도 마찬가지입니다. 내 안의 사랑을 다른 사람에게 나누어준다고 해도 그 사랑이 고갈되는 경우는 없습니다. 다만 퍼내지 않기 때문에 고여 있는 물처럼 되는 것입니다. 너무 고여 있으면 썩게 될 수도 있습니다.

사랑은 나누어줄 때 복제됩니다. 사람에서 사람으로 무한히 복제됩니다. 그리고 시간을 초월할 수도 있습니다. 수많은 사람을 사랑의 손길로 보듬어준 마더 데레사를 기억해 봅니다. 그 작은 체구에 우리보다 더 많은 사랑이 들어 있었을까요? 아닙니다. 그분은 단지 누구나 가지고 있는 마르지 않는 샘물을 더 많이 퍼낸 분이었습니다. 그리고 그 물은 지금까지도 우리들 마음속에 흐르고 있습니다. 우리 안에 있는 무한한 사랑의 샘물, 그것을 퍼서 나누어 주세요.

장비 탓 • • •

장비를 마치 도깨비 방망이처럼 여기는 사람이 많다. 그들은 골프 연습장에는 코빼기도 보이지 않으면서 골프용품점은 뻔질나게 드나든다. 그들이 원하는 것은 지름길이다. 하지만 꼭 최고의 장비가 있어야 골프를 잘할 수 있는 건 아니다. 특히 초보자에게 비싼 장비는 돼지 목에 진주 목걸이나 다름없다.

— 제이슨 프라이드 · 데이비드 하니네마이어, 〈똑바로 일하라〉 중에서

스키장에서 멋진 스키복과 스키 장비를 뽐내며 리프트를 타고 슬로프를 올라간 사람이 있었습니다. 그는 리프트에서 내리자마자 10미터도 못 내려가 넘어졌습니다. 그렇게 다시 두 번을 시도하더니 결국 스키를 어깨에 메고 걸어 내려왔습니다. 스키장에 가는 사람이 스키는 안 배우고 복장과 장비만 최고로 장만했던 것입니다.

등산도 비슷합니다. 우리나라는 세계 최고의 고어텍스 소비국가라고 합니다. 고어텍스 회사 담당자가 한국의 산을 조사해 보니 남한에는 2천 미터가 넘는 산이 하나도 없더랍니다. 고가의 전문 등산복이 굳이 필요하지 않은 나라여서 깜짝 놀랐다고 합니다. 본래 용도보다는 과시용으로 장만하다 보니 그런 현상이 벌어진 겁니다. 등산을 하려면 물론 좋은 장비도 필요하지만 그보다는 튼튼한 다리가 필요합니다. 평소 운동도 안하고 술만 마시다가 고어텍스 등산복만 입고 산에 가면 저절로 정상에 오를 수 있을까요? 장비에 의존하기 이전에 먼저 자신의 실력을 키우세요. 사람들은 멋진 등산 장비보다는 힘차게 산에 오르는 여러분을 더 부러워할 것입니다.

눈치 단절 · · ·

성공하는 사람들은 남들이 무슨 생각을 하든지 거의 신경 쓰지 않는다. 그러나 남들이 우리를 어떻게 생각할까 하는 걱정을 덜기 위해서는, 남들이 우리 생각을 거의 안 한다는 점을 알아야 한다. 남들은 보통 우리 생각을 하고 있는 게 아니라 우리가 자기들을 어떻게 생각할지 걱정하고 있는 것이다. 남들을 기준으로 자신을 평가하고 비교하는 것은 심각한 에너지 낭비다.

— 존 메이슨, 〈긍정의 레시피〉 중에서

우리는 다른 사람들이 나를 어떻게 생각할까 고민을 많이 합니다. 그러면서 본인들은 자신의 생각만 많이 하고 있다는 것을 알지 못하고 있습니다. 아이러니 하게도 우리는 나의 기준에 의해 인생을 살기보다 남의 기준에 의해 인생을 살게 되는 꼴을 스스로 만드는 것입니다. 하지만 나의 인생을 남이 대신 살아줄 수는 없습니다. 다른 사람의 생각보다는 나의 생각이 더 중요합니다.

우리의 삶의 목적은 나만의 것을 창조하는 것이지 남에게 잘 보일 것을 만들어 내는 것이 아닙니다. 그리고 다른 사람의 이목에 크게 신경 쓴다는 것은 그만큼 자신의 일에 몰두하고 있지 못하다는 얘기입니다. 자기 일에 집중하는 사람은 다른 사람에게 신경 쓸 겨를이 없고, 그렇게 일할 때 좋은 성과를 낼 수 있습니다. 다른 사람 눈치 보느라 눈길이 옆으로 가 있나요? 이제 눈을 돌려 내 앞 길만 보세요. 거기만해도 볼 것이 많습니다.

경청의 힘 · · ·

　사람에게는 누구나 생존본능이 있다. 이 본능이 위협받을 경우 어떤 상호작용도 적대적일 수밖에 없으며, 상대방에게 어떤 형태로든 저항하게 된다. 경청은 이 날카로운 본능을 조용히 누그러뜨리며 상대방이 편안히 말할 수 있도록 해준다.

　　　　　　　— 래리 바커 · 키티 왓슨, 〈마음을 사로잡는 경청의 힘〉 중에서

　어떤 사람의 말을 차분히 들어주면 그는 나에 대해 안심하게 될 것입니다. 반대로 그의 말을 잘 듣지 않는다면 나에 대해 좋지 않은 감정을 가질 것입니다. 하지만 나에게도 본능이 있습니다. 말을 듣기보다는 하고 싶어하고 남이 나의 말에 귀 기울여 주기를 원하는 것입니다. 하지만 내가 진심으로 친구가 되고 싶은 사람이 있다면 나의 본능을 희생시킬 각오를 해야 합니다.

　사람을 얻는 가장 좋은 방법은 그가 바라는 것을 해주는 것입니다. 그 결과가 내가 바라는 것이기 때문에 나의 본능은 억제해야 합니다. 그래서 타인과 친구가 되는 것이 어려운 일입니다. 내 말을 줄이고 상대방의 말을 경청하는 것은 대단한 인내심을 필요로 합니다. 때로는 재미없는 말에도 호응해야 하고 지루함도 참아야 하기 때문입니다. 하지만 이 인내의 단계를 넘어선다면 상대방도 나의 말을 경청해주는 때가 올 것입니다. 상대방도 좋아하는 사람이 바라는 것을 해주고 싶어질 것이기 때문입니다.

보물찾기 · · ·

책에는 인류의 역사가 있고, 인류가 이루어낸 발견들이 있으며, 여러 세대를 통해 축적된 지식과 경험이 있다. 책은 자연의 경이로움과 아름다움을 보여주고, 우리가 어려움에 처했을 때 도와주며, 슬픔과 고통에 빠졌을 때 위로해준다. 지루한 시간을 즐거운 시간으로 바꾸어주고, 우리 머릿속에 여러 사상을 저장해주고, 선하고 행복한 생각들로 마음을 가득 채워준다. 그리고 우리가 스스로를 넘어서게 해준다.

— 존 러벅, 〈삶에서 가장 중요한 것〉 중에서

우리가 살아가는 길은 늘 새롭지만 이미 비슷한 길을 간 사람들이 있습니다. 그리고 그 경험을 기록한 것이 바로 책입니다. 우리가 살면서 풀어나가야 할 시험문제에는 반드시 모범답안이 있는데 그 답은 책 속에 숨어 있습니다. 그래서 책을 읽는 것은 보물찾기와도 같습니다. 책 한 권을 읽고 나면 최소한 한 개의 보물을 찾은 것과 같습니다.

요즘 CEO들도 인문/고전도서 탐독하기에 몰두하고 있다고 합니다. 왜 그런 걸까요? 그들이 시간이 남아 옛날 서적을 뒤적이는 것일까요? 물론 아닙니다. 인문/고전 책이야말로 사람이 현명하게 살 수 있는 판단력과 통찰력을 기르는 힘이 숨어 있음을 알기 때문입니다. 그리고 거기서 보물을 찾으려고 하는 것입니다. 책을 든 손은 어떤 상황이라도 머리보다 낫다는 것이 역사의 진리입니다.

세 가지 영화 · · ·

사람은 누구나 인생을 살아가며 세 가지 영화를 찍는다. 하나는 '로맨스 영화'
이고 두 번째는 '가족 영화'다. 세 번째는 '버디 무비'다. 어떤 버디 무비는 로맨스
영화나 가족 영화보다 러닝 타임이 긴 경우도 있다. (* buddy movie; 두 남자 배우가
콤비로 출연하는 영화)

— 연준혁 · 한상복, 〈보이지 않는 차이〉 중에서

인생의 세 가지 영화 세트에 등장하는 주인공들은 인생에 있어 가장 중요한
사람들입니다. 바로 배우자, 가족, 그리고 친구들입니다. 좋은 영화란 훌륭한 배
우들과 그들 간의 잘 맞는 호흡이 연기에 반영되어 만들어집니다. 인생도 마찬가
지입니다. 좋은 사람과 함께 어울려 살아갈 때 좋은 인생이 됩니다. 그런 사람들
을 만나 평생을 함께 한다면 그것으로 최고의 행운을 누릴 수 있습니다.

세 가지 영화에는 우리도 출연합니다. 그래서 명심할 것이 있습니다. 바로 좋
은 영화를 만들기 위해 우리도 훌륭한 배우가 되려고 노력해야 한다는 것입니다.
훌륭한 남편이나 아내, 훌륭한 아빠나 엄마, 그리고 훌륭한 친구가 되어야 합니
다. 또 하나 강조할 점은 인생의 세 가지 영화는 대부분 동시에 촬영이 진행된다
는 것입니다. 영화 간에 시간과 에피소드가 적절히 조화를 이루어야 그 영화들의
완성도를 높일 수 있습니다. 지금 여러분은 어떤 영화를 가장 많이 찍고 있나요?
너무 한쪽 영화에만 치우치고 있지는 않은지 점검해 보아야겠습니다.

긍정적인 행복 · · ·

사람은 행복할수록 자기중심적인 사고에서 벗어나며, 다른 사람들을 더 많이 좋아하고 낯선 사람들과도 자신의 행운을 나누고 싶어 한다. 그렇지만 자신이 불행하면 불신감이 깊어지고 오직 자기만을 생각하며 자기 자신만의 욕구에만 몰두하게 된다.

— 마틴 셀리그만, 〈긍정 심리학: 진정한 행복 만들기〉 중에서

일반적으로 고통을 많이 겪은 사람들이 훨씬 이타적일 것이라고 생각하지만 연구 결과들은 행복한 사람이 이타심을 발휘할 확률이 더 높다고 합니다. 행복한 사람이 동정심이 더 많고 어려운 이웃을 더 많이 돕는다는 것입니다. 여기서 행복한 사람이란 반드시 돈이 많은 사람은 아닙니다. 비록 물질적으로는 풍요롭지는 않지만 베풀고, 거기서 행복감을 느끼면 다시 베푸는 긍정적인 사고의 순환을 하는 사람을 말합니다.

행복한 삶이란 자신의 대표적인 강점을 최대한 발휘하여 풍요로운 만족을 얻는 것이기 때문에 우리 스스로가 지속적으로 노력해야 달성할 수 있습니다. 거액의 복권 당첨금이 궁극적으로 우리에게 행복을 주지 못하는 이유가 바로 여기에 있습니다. 지금 스스로 불행하다고 생각하지 말고 긍정적 사고로 자신만의 능력을 발휘해 어떤 만족스러운 결과를 만들어낸다면 끊임없이 이어지는 행복의 순환의 길에 한 발 가까워질 수 있다고 믿습니다.

발아의 땅 · · ·

사람은 이 세상에 올 때 하나의 씨앗을 지니고 온다. 그 씨앗을 제대로 움트게 하려면 자신에게 알맞은 땅(도량)을 만나야 한다. 당신은 지금 어떤 땅에서 어떤 삶을 이루고 있는지 순간순간 물어야 한다.

— 법정, 〈아름다운 마무리〉 중에서

사람은 사람마다 이 세상에 태어난 한 가지 목적이 있습니다. 그리고 그 목적은 스스로 찾아야 합니다. 누가 준 것이 아니라면 찾지 말고 내가 만들면 됩니다. 한 번 사는 세상 헛되이 보낼 수는 없지요. 그리고 그 목적이라는 씨앗이 싹을 틔우려면 땅도 필요하고 양분도 필요합니다. 질척거리는 진흙땅이나 메마른 모래땅에서는 싹을 틔울 수 없습니다. 움트지도 못하고 썩어버리는 씨앗이 되고 말 것입니다.

나의 존재 목적을 달성하기 위해서는 나의 노력과 알맞은 환경이 필요합니다. 노력도 하지 않으면서 환경 탓만 해서는 안 됩니다. 그리고 노력을 해도 성과가 없다면 환경을 바꿔볼 필요가 있습니다. 수많은 사람들이 아무런 노력도 없이 진흙탕에서 허우적거리고 있습니다. 그래서 성공하는 사람들이 적은 것입니다. 나의 씨앗을 찾으세요. 그리고 좋은 땅에 심으세요. 그리고 물을 주세요.

대상 찾기 · · ·

고독한 인간들은 자신에게 관심을 가진 사람이 아무도 없거나 소수에 불과한 것 때문에 괴로워한다. 그 중에서도 대부분은 자기 자신과 같은 감정을 나눌 사람이 없기 때문에 정신적인 고통을 받는다.

다른 사람이 나에게 주는 동정심이 결핍되면 물론 괴롭다. 그러나 이것보다 훨씬 더 두려운 일은 자기 스스로가 베풀 수 있는 동정심의 대상을 찾을 수 없을 때이다. 사랑 받지 못하는데 기분 좋을 사람이 어디 있겠는가! 그러나 거꾸로 사랑할 수 있는 사람이 없다고 생각해보라, 그 참담함은 말로 표현이 안 된다.

— 리하르트 다비트 프레히트, <나는 누구인가> 중에서

사랑하고 사랑받는 것이 이 세상에서 가장 행복한 것입니다. 사랑할 수 있고 사랑받을 수 있을 때 진정으로 행복합니다. 그리고 사랑은 받는 것보다 주는 것이 더 행복합니다. 사랑할 때 아무것도 두렵지 않습니다. 사랑한다면 우리는 무엇이든지 할 수 있게 됩니다. 두려움은 사랑의 정확히 반대되는 감정이기 때문입니다.

사랑하는 사람을 잃거나 사랑할 사람이 없다면 엄청난 두려움이 우리를 사로잡을 것입니다. 나의 감정을 함께할 사람이 없어 정신적으로 고통받게 되는 것입니다. 극단적인 경우 모든 것이 두려워 아무것도 할 수 없게 될 수도 있습니다. 지금 사랑하는 사람이 있나요? 그 사람은 가장 소중한 사람입니다. 내가 사랑을 줄 수 있는 고마운 사람입니다. 또한 나를 사랑해 줄 수 있는 사람입니다. 그 사람을 감사한 마음으로 한없이 사랑하세요.

부부 의리 ...

부부는 나이가 들면서 점점 닮아간다고 한다. 그것이 사실이든 아니든 간에, 분명한 것은 부부는 보통 비슷한 방식으로 세계를 보게 되고, 필연적으로 상대의 마음을 자신과 거의 같은 수준까지 변화시키게 된다는 사실이다. 궁극적으로 이들이 상대의 마음을 변화시키기 위해 가능한 모든 요소를 동원할 것이라는 사실에는 의심의 여지가 없다.

— 하워드 가드너, 〈체인징 마인드〉 중에서

결혼 초기에는 분쟁이 심할 수밖에 없습니다. 오랜 시간 서로 다른 문화 속에서 자란 성인들이 서로의 문화를 받아들이는 것에서 갈등이 일어납니다. 그리고 대부분의 사람들이 이기적이고 상대방에게 지는 것을 싫어하기 때문에 첨예한 대립이 일어납니다. 부부가 자기에게 맞도록 서로를 일방적으로 조각하려고 합니다. 하지만 조각칼을 들고 상대방만 깎을 수는 없습니다. 나 또한 상대방의 칼로 깎임을 당할 수밖에 없습니다.

그래서 세월이 지나면서 부부가 서로의 모습으로 닮아갑니다. 둘이 적절히 혼합되어 새롭게 한몸이 되기 때문에 같은 모습으로 보이는 것입니다. 예리했던 둘의 칼도 무디어져서 서로에게 큰 위협이 되지 않습니다. 요즘은 심각할 정도로 많은 가정이 분리되고 있습니다. 끝까지 자기의 칼을 휘두르기 때문입니다. 하지만 부부관계에서는 지는 것이 이기는 것입니다. 그러니 이제는 칼을 먼저 내려놓으세요. 상대방도 무방비인 사람을 마냥 공격하지는 않을 테니까요.

현세의 지혜 ···

이 세상은 연이어 왔다가 또 떠나가는 손님들을 위하여 마련된 식탁과 같다. 여기에는 금 접시와 은 접시, 풍부한 음식과 향료가 있다. 현명한 손님은 자신에게 충분할 만큼 먹고 향료의 냄새를 맡은 다음 주인에게 감사의 말을 하고 떠나간다. 반면 어리석은 손님은 금 접시와 은 접시를 가지고 가려고 하다가 오히려 손이 비틀어지고 절망하여 불행하게 쫓겨나게 될 뿐이다.

— 알 가잘리, 〈행복의 연금술〉 중에서

인생을 사는 지혜는 자신의 차례와 분수를 아는 것입니다. 그 차례는 무작정 기다리는 사람에게 저절로 오지 않습니다. 자신이 원하는 것을 이루기 위해 철저하게 준비하고 노력한 사람에게 오는 것입니다. 그렇지 않으면 연회에서 자신의 차례가 되어도 음식은 놓여지지 않을 것입니다. 그리고 기회가 왔을 때 절대 과욕을 부리면 안 됩니다. 예를 들어 10억을 벌 수 있는 차례에서 이를 버리고 좋은 기회가 왔을 때 20억, 30억을 벌 욕심을 품으면 10억조차도 손에 넣을 수 없게 됩니다. 필요한 양 이상의 음식을 먹으면 탈이 나기 마련입니다.

현실을 보면 많은 사람들이 자기 차례도 되지 않았는데 음식을 달라고 아우성입니다. 서로 자기 앞에 많은 음식을 놓으려고 다툼을 벌입니다. 또 남의 음식을 빼앗기도 합니다. 다 먹지도 못할 음식 쌓아놓으면 무슨 소용이 있겠습니까? 반면 어떤 사람들은 자기가 가지고 있는 음식을 남에게 나누어줍니다. 그런데도 그런 사람들에게는 음식이 계속해서 새로 생기고 있습니다. 지금 차례를 잘 기다리고 있나요? 음식을 혼자만 먹을 건가요? 함께 나누는 것은 어떤가요?

자식과 욕심 • • •

대개의 인간이 자녀를 가지면, 이전에 비해서 훨씬 욕심이 많아진다는 데 대다수가 수긍하리라고 생각한다. 이러한 결과는 흔히 말하는 본능적인 것이다. 즉 그것은 자연적이며, 잠재의식적인 근원에서 연유하는 것이다. 이 점에서 가족은 인류의 경제적 발전에서 무한한 중요성을 가지고 있으며, 지금도 사람들이 돈을 모으는 지배적인 요인은 바로 이것이라고 나는 생각한다.

— 버트란드 러셀, 〈결혼과 도덕에 관한 10가지 철학적 성찰〉 중에서

'철학적 성찰' 하면 고차원적인 사고를 떠올립니다. 하지만 실질적이고 일상적인 예를 들어보겠습니다. 누구나 자기 자식은 소중합니다. 가끔 '우리 아이가 없었어도 내가 열심히 일을 할까?' 생각합니다. 물론 다른 가치를 위해서 열심히 일을 하겠지만 금전적인 목표는 훨씬 낮아질지도 모릅니다. 자녀의 교육을 위해 기꺼이 기러기 아빠를 자처하고, 목숨까지 바치는 사연도 있습니다. 아이러니하게도 그것이 기반이 되어 인류를 발전시켜 왔습니다. 그리고 세계 최고의 교육열을 가진 우리나라는 더욱 발전할 것입니다.

다시 가족의 의미에 대해 생각해 봅니다. 가족은 자식이 있어야 비로소 완성됩니다. 소중한 가족에게 사랑한다고 꼭 말해 보세요. 모든 가족의 행복을 기원합니다.

소중한 당신 · · ·

비교라니요?

당신을 우주에 딱 한 명만 존재하게 하기 위해 신은 며칠 밤을 끙끙 않으셨답니다.

— 박민우, 〈가까운 행복 tea bag〉 중에서

신의 존재를 믿지 않을 수도 있겠지만 세상에 나라는 사람이 단 한 명이란 건 분명한 사실입니다. 세상에 단 하나 밖에 없기 때문에 소중한 존재입니다. 우리가 스스로 소중함을 잃게 되는 것은 남과 자신을 비교하면서부터 입니다. 상대 평가를 통해 나의 가치를 낮춰버립니다. 반대로 내가 높아질 수도 있지만 세상 꼭대기까지 올라갈 수는 없는 것입니다.

하지만 우리 모두는 소중한 존재입니다. 비교 평가가 절대 불가능한 단 하나의 존재입니다. 그리고 각자는 존재의 목적이 있습니다. 문제는 그 존재의 목적을 찾지 못할 때 불행이 시작된다는 것입니다. 남이 하는 일과 나의 일을 비교하면서 우열을 가리게 됩니다. 이 세상에서 내가 그리고 나만이 해야 하는 일이 반드시 있습니다. 그 일을 찾아서 할 때 우리는 비로소 소중한 존재로서 목적을 다할 수 있습니다.

건강을 외쳐라 · · ·

인체기관을 이루고 있는 세포들은 항상 뇌의 명령에 따라 움직인다. 이 세포들은 자극에 매우 민감한데, 특히 절망과 포기하는 감정에 아주 예민하게 반응한다. 만약 어떤 사람이 자신의 몸에 이상이 있다고 생각하면, 생각이 시작되는 뇌로부터 부정적인 생각이 즉각 인체 각 기관에 전달되어 정말로 몸이 아프게 된다.

— 오리슨 스웨트 마든, 〈내 인생에 꼭 필요한 2%〉 중에서

긍정적인 사람이 건강합니다. 자신에 대해 항상 긍정적으로 생각하기 때문에 신체기관에도 좋은 신호를 보냅니다. 좋은 신호를 받은 세포들이 건강하게 움직이고 제 기능을 발휘할 수 있습니다. 우리의 몸은 자체 치유능력을 충분히 갖추고 있습니다. 매일 1만 개씩 우리 몸속에서 자라는 암세포도 철저하게 파괴시키고 있다는 사실을 아십니까? 암은 이 기능에 이상이 올 때 발생하는 것입니다.

많은 현대인이 우울증 같은 마음의 병을 앓고 있습니다. 물질은 풍요로워졌지만 정신은 피폐해져서 예전의 좋았던 것을 놓지 못하고 있습니다. 이 병에 대한 일차적 처방은 약물이지만 결코 약물만으로 완치할 수 없습니다. 일시적 효과와 의존성만 키우게 되어 신체 건강을 악화시킬 수 있기 때문입니다. 하지만 자신이 건강하다고 생각하면 건강해질 수 있습니다. 내 몸에 부정적인 생각이 침투하지 못하게 하세요. 그리고 나는 지금 건강하다고 외치세요.

6강—행동으로 즐겁기

일단, 시작하기 · · ·

무언가를 해야만 하는 상황인데 하기 싫은 일이라면 일단 자신과 어떻게 하겠다는 약속을 하십시오. 그리고는 그것에 대해 잊으십시오. 그리고 나서 약속된 시간이 되면 그것을 시작하십시오. 그러면 당신은 걱정은 덜 하면서도 더 많은 일을 하게 될 것입니다.

— 지그 지글러, 〈시도하지 않으면 아무것도 할 수 없다〉 중에서

하기 싫은 일은 생각할수록 더 하기 싫고 스트레스만 받습니다. 그렇기 때문에 무슨 일이든 일단 시작하는 것이 중요합니다. 시작이 어렵기 때문에 시작이 반이라는 말도 있습니다. 지금 당장 일을 시작하기 어렵다면 스스로 약속을 정해 그때 무조건 하는 것도 방법입니다. 어떻게든 시작만 할 수 있다면 시간이 지나면서 일에 적응도 되고 탄력도 생겨서 그 일이 수월해질 수 있기 때문입니다.

많은 생각과 고민은 일의 시작을 더 어렵게 만듭니다. 그래서 일을 미루게 되고 미룬 일이 쌓이면 정말로 중요한 일은 시작하지도 못하게 됩니다. 시작한 일이 없으니 성과도 없는 것은 당연합니다. 성공하는 사람은 일을 시작하는 사람입니다. 어렵고 싫은 일도 일단 시도해보는 사람입니다. 시도하지 않으면 성공도 실패도 어느 것도 할 수 없습니다.

자리 찾기 • • •

"자신의 능력과 약점을 제대로 알지 못하면 실패할 일에 희망을 걸고, 부적절하거나 아주 나쁜 상황에서 일을 시작하게 된다. 스스로를 성공할 수 있는 위치에 배정하는 것이 무엇보다 중요하다. 그래야만 성공할 수 있다."

— 서광원, 〈사자도 굶어 죽는다〉 중에서

같은 씨앗이라도 어디에 뿌려지는지에 따라 성장이 다를 수 있습니다. 양질의 땅에 뿌려지고 햇빛을 잘 받고 물이 충분하다면 잘 성장할 것입니다. 하지만 모래 밭이나 자갈 밭에 뿌려진다면 제대로 뿌리를 내리지 못하고 썩거나 말라 죽을 것입니다. 바위에 뿌리를 내리는 나무도 있지만 그것은 극소수에 불과합니다. 내가 그 나무가 되든지 아니면 뿌리를 내릴 수 있을 곳을 찾아야 합니다. 현실에 안주하여 지금 내가 어떤 땅에 있는지를 잊어서는 안 됩니다.

아프리카 사자의 생존확률은 10% 정도라고 합니다. 척박한 자연환경에서 목숨을 건 투쟁을 하는 것입니다. 우리의 현실도 별반 다르지 않습니다. 굶어 죽지 않더라도 경쟁에서 도태된다면 삶이 고달플 것입니다. 살아남기 위해서는 현재의 생존경쟁에서 이겨야 하겠지만 살아 남을 수 있는 곳으로 이동하는 것도 전략입니다. 고래는 강에서 살지 못합니다. 내가 고래인지 붕어인지 다른 사람에게 물어봐야 할까요?

비교를 멈춰라 · · ·

누군가가 "당신은 행복하세요?" 라고 물으면 주위 사람들이 어떻게 사는지 둘러보고 나서 그들보다 잘사는 것 같으면 행복하다고 대답할 것이다. 그러므로 행복해질 수 있는 한 가지 비법은 비교 대상을 바꾸는 것이다.

— 프랜시스 타폰, 〈너만의 길을 가라〉 중에서

경쟁사회는 상대평가가 이루어지는 사회입니다. 나의 절대적인 가치나 기준보다는 사회적 가치나 기준에 따라 내가 평가됩니다. 따라서 주변 사람을 꼭 뛰어넘어야 내 평가가 올라갑니다. 다른 사람보다 많은 것을 이루고 많은 것을 소유해야 좋은 평가를 받고 거기에서 행복을 느낍니다. 반대의 경우 불행을 느끼고 그것을 극복하기 위해 투쟁합니다. 때로는 정당하지 못한 방법을 사용하기도 하고 그냥 자포자기 하기도 합니다.

나의 행복은 남이 대신해 주지 않습니다. 남보다 더 잘 낫다고 더 행복한 것도 아닙니다. 국가행복지수를 보면 우리나라보다 훨씬 더 못사는 나라의 국민이 더 높은 만족도를 느끼는 경우도 있습니다. 우리가 불행할 것이라고 생각하는 사람들이 더 행복하게 살고 있습니다. 그러면 우리는 그들보다 경제적으로 잘 산다는 것만으로 행복할 수 있을까요? 이제 비교를 멈추세요. 행복은 다른 사람 위로 자라는 나무가 아니라 내 안에서 자라는 나무입니다. 그러니 다른 사람의 나무에 신경 쓰지 말고 내 나무에 물을 주세요. 그것이 크든 작든 내 행복나무를 키우는 길이니까요.

행복을 느껴라 · · ·

나는 행복을 '즐거움과 의미의 포괄적인 경험'이라고 정의한다. 행복한 사람은 긍정적인 감정과 삶의 의미를 함께 느낀다. 이 정의는 한 순간이 아닌 모든 경험이 합쳐진 느낌을 의미한다. 우리는 가끔 감정적인 고통을 겪기도 하지만 전반적으로 행복하게 살고 있다.

행복한 삶의 전형을 참고해서 이 정의에 대해 생각해보자. 즐거움은 지금 여기서 느끼는 긍정적인 감정과 현재의 이익과 관련 있으며, 의미는 목적의식과 미래의 이익과 관련이 있다.

— 탈 벤-샤하르, 〈하버드대 행복학 강의: 해피어〉 중에서

지금은 힘들고 불행하지만 미래에는 행복해질 거라는 기대감 속에 사는 사람은 현재의 희생을 인내합니다. 지금은 즐겁고 행복하지만 미래에는 불행해질 거라는 두려움 속에 사는 사람은 현재의 즉각적인 만족을 위한 쾌락을 추구합니다. 우리는 "어떻게 하면 지금과 미래 모두 행복해질 수 있는가?"라고 물어봐야 합니다. 그리고 그 답은 '즐거움과 의미' 속에 있습니다.

우리가 하는 일은 대부분 즐겁지도 않고 의미도 없고, 즐겁긴 하지만 미래가 불안하고, 힘들고 짜증나지만 미래는 좋을 것입니다. 즐거움과 의미가 만나기는 참 어려워 보입니다. 하지만 그 둘이 만난다면 그 일이 바로 인생의 소명이 될 수 있습니다.

실천 인격 · · ·

인격이란 간단히 말해서 당신이 하겠다고 한 일을 그대로 하는 것을 말한다. 그 정의를 보면, 인격이란 가치 있는 결정을 내린 후 그것을 결정할 때의 감동이 사라진 다음에도 그것을 실천에 옮기는 능력이다.

— 하이럼 스미스, 〈성공하는 시간관리와 인생관리를 위한 10가지 자연법칙〉 중에서

다른 사람에게 하겠다고 한 일을 그대로 실천하면 신뢰가 생깁니다. 이런 신뢰가 쌓여갈 때 인간관계의 질이 높아집니다. 또한 실천으로 인해 자기 인생에 대한 통제감이 생깁니다. 이런 통제감이 쌓여갈 때 삶의 질이 높아집니다. 타인과의 인간관계와 나 스스로를 통제하게 될 때 우리는 참다운 인격체가 되어 수준 높은 삶을 영위할 수 있습니다.

솔직히 내가 하겠다고 한 일을 100% 실행하기는 어렵습니다. 여러 가지 변수가 있기 때문입니다. 하지만 예를 들어 아침기상시간 같은 일은 내 의지만 있다면 완벽하게 통제할 수 있습니다. 쉬운 일부터 하나씩 실천해 습관화한다면 '내 인생은 나의 것'이 될 수 있습니다. 오늘부터 100% 지킬 수 있는 쉬운 약속 한 가지씩 해보는 건 어떨까요?

두려움 지우기 · · ·

어떤 두려움은 고도로 복잡하고 분주한 세상에서 자신을 보호하기 위한 두려움이고, 다른 두려움은 우리의 상상이 만들어냈거나 혹은 한 번 위협을 받은 적은 있지만 더 이상 존재하지 않는 대상에 대한 두려움이다. 그러므로 그것은 당신이 원한다면 던져버릴 수 있는 두려움이다.

— 플립 플리펜, 〈위대한 반전〉 중에서

두려운 존재에 대해서는 두려워해야 합니다. 나를 직접적으로 해하는 외부 자극이 다가온다면 무조건 피해야 합니다. 하지만 그것을 미리 걱정할 필요는 없습니다. 우리가 걱정하고 두려워하는 일의 90%는 실제로 일어나지 않는다고 합니다. 우리의 마음속에만 존재하는 일입니다. 창조적인 상상은 잘 못하고 나쁜 상상만 잘 하면서 시간을 보내는 것입니다.

걱정하는 일은 우리가 해야 할 일이 아닙니다. 그리고 잘 일어나지도 않습니다. 그런데 왜 하지도 않을 일, 일어나지도 않을 일을 생각하며 시간을 허비하는 걸까요? 혹시 걱정을 핑계로 진짜 해야 할 일을 미루고 있는 것은 아닐까요? 사실 그 좋은 일을 하겠다는 선택이 두려운 것은 아닌가요? 인생은 짧습니다. 쓸데없는 걱정일랑 집어 치우고 지금 당장 멋지고 행복한 미래를 설계해 보세요. 그 설계대로 살아보세요. 그러기에도 빠듯한 시간입니다.

행동하라 · · ·

일반적인 매니지먼트 사이클은 PLAN(계획) → DO(실행) → SEE(검증)의 절차를 따른다. 그러나 성공한 사람들은 DO(실행) → SEE(검증) → PLAN(계획)의 절차를 따르고 있다. 우선 행동을 통해 시장의 반응을 파악한 다음 다시 계획을 점검해 보는 것이다.

— 후지니 고이치 · 모리 히데키, 〈공부를 돈으로 바꾸는 기술〉 중에서

계획만 열심히 세우는 것은 머리만 쓸 뿐 몸은 움직이지 않게 됩니다. 몸이 먼저 움직이면 마음도 따라 움직이고, 머리로는 더 좋은 계획들을 생각할 수 있습니다. 그래서 계획만 세우고 아무것도 안 하는 사람보다는 일단 행동하는 사람이 더욱 성공할 수 있는 것입니다. 이 사실을 모르는 사람은 없겠지만 몸이 잘 움직이지 않는 것은 편안함을 추구하는 인간의 본성 때문입니다. 성공은 본성을 이겨낸 사람들만이 수확할 수 있는 값진 열매입니다.

성공하는 사람은 일단 행동합니다. 그리고 그 행동을 반복하여 습관으로 만듭니다. 그 후에는 행동하기가 쉬워집니다. 원하는 목표가 모르는 사이에 이루어지기도 합니다. 그런 사람을 옆에서 보면 아주 쉽게 성과를 내는 것 같습니다. 하지만 여기에 숨겨진 메커니즘이 있었습니다. 안타깝게도 대부분의 사람들은 습관의 단계 이전에 행동을 중단합니다. 거창한 계획은 습관을 만들어주지 않습니다. 일단 오르고 또 오르면 태산도 오를 수 있습니다. 그러니 방에만 있지 말고 밖으로 나가 보세요. 일단 나가면 그 다음에 갈 곳이 생길 것입니다.

생각 체증 해소 · · ·

생각으로는 문제를 풀 수 없습니다. 오히려 문제를 더욱 복잡하게 만들 뿐입니다. 해답은 언제나 스스로 우리를 찾아 옵니다. 복잡한 생각에서 한걸음 벗어나, 고요함 속에 진정으로 존재하는 바로 그 순간에 말입니다. 비록 찰나에 지나지 않는다 할지라도 그 순간 해답을 얻게 됩니다.

— 에크하르트 톨레, 〈이것 또한 지나가리라〉 중에서

한 가지만 집중해서 들여다보면 다른 것을 볼 수 없습니다. 하지만 보는 것을 멈추고 잠잠해지면 주변이 환해지는 순간이 있을 것입니다. 그러면 그동안 보지 못했던 주변의 것들을 볼 수 있습니다. 골치 아픈 문제를 둘러싸고 있는 해결책이 보이는 것입니다. 과학에서는 세렌디피티serendipity라고 하여 실패했다고 손을 놓았던 사례에서 새로운 것을 발견한 경우가 많습니다.

꽉 막힌 도로에서는 차가 다니기 어렵습니다. 아무리 빨리 가려고 발버둥쳐도 소용없습니다. 이때에는 마음을 편히 가지고 가만히 기다려야 합니다. 그러면 조금씩 움직일 수 있고 또 체증이 풀리면 시원스럽게 달릴 수 있습니다. 우리도 너무 한 가지 생각에 매달리면 생각회로에 체증이 일어납니다. 생각이 진행이 되지 않아 새로운 생각이 떠오르지 않는 것입니다. 하지만 아르키메데스가 목욕탕에서 "유레카!"를 외쳤듯이 생각을 편안하게 풀어줄 때 우리도 "바로 이거야!" 하고 외칠 수 있을 것입니다.

방황 실험하기 · · ·

인생에서 방황은 곧 시행착오일 뿐인데 우리는 이것을 죄악시하곤 한다. 방황은 죄악이 아니다. 인간에게 방황이 없다는 것은 나아가려는 의지가 없다는 말과 같다. 인간은 욕망하는 동물이며, 그 욕망은 더 나아지려는 의지의 원동력이기 때문이다. 방황은 한계를 극복하기 위한 실험이며 그것을 넘어선 것이 성취다.

— 박경철, 〈시골의사 박경철의 자기혁명〉 중에서

방황을 통해 안일한 나를 깨뜨리고 이전의 한계를 넘어 새롭게 발전하는 나를 만들 수 있습니다. 숲 속에서 길을 잃고 나서야 다른 길을 발견할 수 있고 원래의 길이 좋은 길이었는지 아닌지 알 수 있습니다. 현실에 안주한다면 나는 제자리인 것 같지만 항상 나보다 앞서가는 사람들이 있기 때문에 어느새 뒤처지게 됩니다. 경쟁을 무시하더라도 나의 한계를 실험해 보지 않고 '작은 나'로 머무르는 것은 자기기만, 자기태만이 아닐까요?

평생직장시대가 무너졌습니다. 더 이상 한 직장에서 상사 눈치만 보며 잠재력을 억누르는 시대가 아닙니다. 이제 자신의 능력을 최대한 펼쳐야 할 시대입니다. 하지만 그 기회는 스스로 찾는 사람에게만 주어집니다. 새로운 직장 구하기가 어렵다고 현재에 만족하고 버티기로 일관한다면 그 직장에서도 수명이 길지 못합니다. 지금 길에서 벗어나 보세요. 다른 길을 찾아 보세요. 꼭 다른 길을 가지 않아도 지금 길을 더 잘 갈 수 있는 방법이 보일 것입니다.

행복 열쇠 · · ·

행복과 자유에 이르는 비밀은 나의 의지를 현명하게 사용하는 일과 내가 갖고 있는 것, 내게 생기는 것만을 원하는 것과 같은 작은 것에 존재한다. 달리 말하여 나의 힘과 능력을 넘어서는 것을 원하지 않는 것이다. 그러한 행복의 비밀은 많은 사람들이 무심코 지나치는 매우 단순한 것에 있다.

— 필립 반 덴 보슈, 〈행복에 관한 10가지 철학적 성찰〉 중에서

우리는 원하는 것을 자유롭게 선택할 수 있습니다. 그러나 분명히 우리에게는 원하는 모든 것을 할 수 있는 힘은 없습니다. 원하는 바를 얻으면 행복하고, 그렇지 못하면 불행하다고 생각합니다. 그렇다면 우리가 할 수 없는 것에 대한 미련을 버리고, 우리가 할 수 있는 것을 하는 것이 바로 행복의 열쇠가 아닐까요?

성인남녀 사망원인의 상위 5위 안에 '자살'이 있습니다. 매우 심각한 실정입니다. 자살의 주된 원인은 우울증입니다. 이 우울증은 이룰 수 없는 것에 대한 집착으로도 생깁니다. 자신을 다스릴 수 있도록 이룰 수 있는 것과 이룰 수 없는 것을 생각해 보세요. 그리고 인생의 대문에 행복의 열쇠를 넣고 힘차게 돌려보세요.

인복 만들기 · · ·

좋은 사람이 없다고 한탄만 할 일이 아니다. 신용이 있는 사람에게 돈이 모이듯 사람을 좋아하고 사람을 대접할 줄 아는 사람에게 사람들이 몰려들게 되어 있다. 이것을 지극이라 부른다. 지극한 사람은 인복이 있다. 지극함이 사람의 마음을 얻는 최고의 처세술이기 때문이다.

— 구본형, 〈사람에게서 구하라〉 중에서

물은 낮은 데로 고입니다. 자기를 낮추는 겸손한 사람에게 사람이 모여들고 거만한 사람에게서는 사람이 떠나갑니다. 겸손한 사람은 다른 사람들을 지극하게 대합니다. 결코 무시하거나 홀대하지 않습니다. 그리고 항상 상대방의 입장에서 생각하고 그 마음으로 상대방을 대합니다. 그런 대접을 받는 상대방은 자연스럽게 그 사람을 좋아하게 될 것입니다.

인간관계 최고의 법칙은 '남이 나에게 해주기 바라는 대로 남에게 해주어라'입니다. 상대가 원하는 것을 해주는 데 싫어할 사람이 있을까요? 하지만 상대방이 원하는 것은 어떻게 알 수 있을까요? 그 방법은 바로 경청입니다. 상대방의 마음을 읽는 것은 그 사람의 말을 들음으로써 가능합니다. 내 말만 하지 말고 상대방의 말을 귀 기울여 들을 때 그가 원하는 것을 알 수 있습니다. 그리고 그대로 해주기만 하면 됩니다.

나를 지배하는 나 · · ·

일의 성과만을 중시하는 사회에서는 자신이 하고 싶은 대로 하며 살 수 없다고 한탄하는 사람들의 소리를 나는 자주 듣는다. 그러나 좀 더 자세히 캐물으면 그들이 사회의 잣대를 받아들였음이 분명해진다. 그들은 자유를 원하면서도 그 삶을 계속 유지하길 바라고, 돈도 충분히 벌고 싶고 다른 사람에게서 인정도 받고 싶어 한다. 물론 자신의 자유를 일방적으로 요구할 수는 없다.

— 안젤름 그륀, 〈너 자신을 아프게 하지 말라〉 중에서

나의 삶을 스스로 통제하지 못하고 다른 사람이나 환경의 통제를 받으면 스트레스를 받습니다. 하지만 나를 지배하는 것은 오직 나입니다. 나의 모든 행동은 외부 자극에 대한 내 스스로의 생각과 의지가 반영된 것이기 때문입니다. 외부의 통제를 받는다고 생각하고 그래서 나에게 자유가 없다고 믿는다면 내가 스스로 나의 자유를 포기하는 것과 같습니다.

남이 시키는 일이든 내가 마음대로 하는 일이든 모두 나의 일입니다. 단지 긍정적인 자세로 그 일을 하느냐 아니면 불평불만에 사로잡혀 억지로 하느냐의 차이가 있을 뿐입니다. 하지만 내 일은 내가 해야 합니다. 누구도 대신해 줄 수 없습니다. 다른 사람이 내 일을 하게 된다면 내 존재의 이유는 사라집니다. 결국 내가 해야 할 일을 적극적으로 할 때 성과는 더 좋아지며, 내적 자유도 얻게 됩니다.

만족 법칙 · · ·

원하는 대로 취한다면 사치와 허영에 빠져서 들뜰 수밖에 없고 결국 초점을 잃
게 된다. (중략)

세상을 원하는 대로 살지 말라. 원하는 것은 끝이 없다. 필요한 대로 살면 모든
사람이 풍족하고 행복하게 살 수 있다. 필요는 결코 많지 않기 때문이다.

— 전병욱, 〈자신감〉 중에서

동물들 중에 넘치도록 먹을 것을 준비하는 유일한 동물은 사람입니다. 개미
나 벌, 다람쥐들은 필요한 만큼의 먹이만 모아둔다고 합니다. 사람은 또 많이 먹
기도 합니다. 과식, 비만은 사람만의 전유물입니다. 아프리카 사자가 사냥한 먹
이를 배불리 먹다가 배탈이 났다거나 비만이라는 이야기를 들어보셨나요? 오히
려 그들이 남긴 먹이는 다른 동물의 배를 채워줍니다.

인간의 욕망은 끝이 없습니다. 그 끝이 없는 공간은 아무리 많은 물건과 일로
도 채울 수 없습니다. 채우면 채울수록 빈 곳을 더 보게 되는 것이 욕망의 눈입니
다. 이제 그 눈을 감아야 합니다. 욕망의 끝없는 공간을 닫아버려야 합니다. 대신
필요의 작은 공간을 열어보세요. 그곳은 작은 칸막이로 나누어진 벽장과 같아서
하나씩만 채워도 충분합니다. 그러면 채우고 남는 것도 생길 것입니다. 주변을
둘러보세요. 여전히 어려운 사람들이 많습니다. 이제 필요한 만큼만 채우고 나머
지는 그들에게 나누어 주세요. 그 작은 행동이 나의 마음도 이 세상도 좀 더 풍요
롭게 변화시킬 수 있습니다.

자기 변화 · · ·

"Uva Uvam Videndo Varia Fit." 이 문장을 해석하면 "하나의 포도는 다른 포도를 만날 때 색깔을 바꾼다"는 뜻이다. 즉, 하나의 포도가 다른 포도를 익게 만든다.

포도원에서 한 송이의 포도가 익기 시작하면 다른 포도에게 효소와 향기를 보내고 이것이 일종의 에너지 장을 형성하여 다른 포도들도 그 에너지를 받아 들이게 된다는 것이다. 다시 말해, 그 한 송이의 포도가 다른 포도들에게 이제 변화하고 익을 때가 되었다는 신호를 보내는 것이다.

— 윌 보웬, 〈불평없이 살아보기〉 중에서

식물이 소통을 한다니 놀랍지 않나요? 자연 속에서 일어나는 긍정적인 에너지 전파인 것입니다. 여기에서 배울 점은 한 포도의 전파를 다른 포도들이 받아들여 익어간다는 사실입니다. 긍정적인 변화의 요청과 그 요청에 대한 적극적인 수용입니다. 인간 사회에서 다른 사람을 변화시킨다는 것은 거의 불가능합니다. 사람은 스스로 변하기 전까지는 다른 사람에 의해 변화되지 않기 때문입니다.

우리는 다른 사람에게 긍정적인 영향이든 부정적인 영향이든 영향을 미치며 살고 있습니다. 그 영향을 받아들이고 스스로를 변화시키는 것은 상대방의 몫입니다. 우리 또한 다른 사람의 영향을 받으며 살고 있습니다. 부정적인 것은 배제해야 하겠지만 긍정적인 것은 받아들여 나를 변화시키는 것이 바람직한 자세입니다. 달콤한 포도가 될 것인가 시큼한 포도가 될 것인가 선택은 여러분의 몫입니다.

나뭇가지를 잘라라 · · ·

나는 행복해지기로 마음먹은 몇 년 전부터 하루하루가 기쁨의 연속이었다. 사고방식을 바꾼 뒤로 시각이 달라진 덕분이다. 바꿔야 좋겠다 싶은 게 있으면 바꿨고, 내 힘으로 바꿀 수 없는 건 신경쓰지 않기로 생각을 바꿨다. 행복하게 살 건지, 불행하게 살 건지는 선택하기 나름이다. 행복하게 살기로 마음먹으면 다음 절차는 간단하다. 불행하게 만드는 것들을 없애고 사방을 행복하게 만드는 것들로 가득 채우면 된다.

— 제프 톰슨, 〈코끼리와 나뭇가지〉 중에서

인도에서는 코끼리가 도망가지 못하도록 어렸을 때부터 커다란 나무에 묶어 둡니다. 아무리 발버둥쳐도 '커다란 나무'에 묶인 새끼코끼리는 벗어날 수 없습니다. 이런 과정을 반복하면서 코끼리는 후천적 무력감을 습득합니다. 결국 어른 코끼리가 되어 커다란 나무가 아주 작은 나무가 되어도 나뭇가지를 움직여 보려는 시도조차 하지 않게 됩니다.

우리에게도 이런 고정관념이 존재합니다. 그리고 그것이 상당부분 우리의 행복을 가로막고 있습니다. 바꿀 수 있는 것은 바꾸지 못하고 바꿀 수 없는 것에 매달려 있는 모습입니다. 다른 사람이 보면 아무것도 아닌 일을 가지고 혼자서 끙끙거리고 있나요? 간단한 방법이 있는 데도 생각조차 못하고 주저앉아 있지는 않나요? 이제 과감하게 그 나뭇가지를 잘라 버리세요. 그리고 할 수 있는 일, 할 수 없는 일을 적고 반대로 해보세요. 할 수 없다고 생각한 일을 시도 해보는 것입니다. 우리는 어리석은 코끼리가 아니니까요.

손을 내밀어라 · · ·

부드러운 감촉을 느끼게 하는 존재, 그가 깨달아 주기를 기다리고 있었던 듯 그것은 부드럽게 발을 자극했다. 그는 몸을 구부려 손가락 끝으로 그것을 찾아 땅에서 뽑아냈다. 네잎클로버다. 그것을 손가락 끝으로 집어 눈높이까지 들어 올리자 자연스럽게 미소가 지어진다.

"행운은, 자신의 손을 이용해야만 움켜쥘 수 있는 거야."

— 알렉스 로비라 · 페르난도 트리아스 데 베스, 〈준비된 행운〉 중에서

어떤 사람이 복권에 당첨되게 해달라고 하늘에 빌었습니다. 그 사람이 몇 날 몇 달을 계속해서 빌어도 복권에 당첨되지 않자 하늘을 원망했습니다. 그러자 하늘에서 들려오는 소리가 "복권을 사야 당첨시켜주지." 였습니다. 아무것도 하지 않고 빌기만 하는 사람에게 행운은 오지 않습니다. 복권도 사서 손에 쥐어야 당첨될 수 있는 것입니다.

'기회는 앞머리만 있고 뒤통수는 대머리'라는 말을 들어보았나요? 앞에 있을 때 잡아야지 지나가면 잡을 수 없다는 말입니다. 기회가 왔을 때 손을 내밀어 확 잡아 챈 사람이 나중에 그것이 행운이었다고 말합니다. 내가 잡은 기회가 바로 행운입니다. '나는 정말 운이 없어'라고 생각하는 사람이 많습니다. 그들은 손을 쓰지 않고 가만히 쥐고만 있는 것입니다. 나에게 다가오는 행운들을 잡지 않고 달아나는 뒷모습을 지켜보고만 있는 것입니다. 이제 빨리 손을 내밀어 잡으세요.

무한생각 · · ·

삶은 모든 것이 있는 멋진 백화점과 같다. 어느 때든, 어떤 것이든 환불, 교환이 가능하고, 뭐든 다 찾을 수 있는 그런 백화점 말이다. 모든 것의 재고가 항상 있고, 화폐는 생각이다. 당신이 무한대로 가지고 있는 그 생각 말이다. 모든 사람에게 모든 생각은 항상 사용 가능하다. 이것을 알면, 당신에게 항상 모든 것이 무제한으로 공급되고 있음을 알게 된다.

— 데이비드 프라이드만, 〈생각의 전환〉 중에서

모든 동물 중에서 인간만이 가진 특권이 '생각'입니다. 그러기에 인간은 자연이 아닌 문명을 발전시켜 왔고 모든 동물을 지배하기에 이르렀습니다. 이 세상에는 우리가 바라는 것들과 그것의 재료가 모두 갖추어져 있습니다. 우리는 그것을 발견해내기만 하면 됩니다. 발명도 세상의 재료들을 조합하여 없던 것을 만들어 내는 것입니다. 그리고 그것을 가능케 하는 생각은 누구에게나 무한하게 열려 있습니다.

우리가 그런 생각을 하느냐 안 하느냐에 따라 백화점에 가는 사람과 못 가는 사람, 그곳에서 물건을 사는 사람과 그저 구경만 하는 사람으로 구분됩니다. 현재의 우리 모습도 과거의 생각으로 인한 결과입니다. 환경 탓, 다른 사람 탓을 할 이유가 없습니다. 나의 지금 모습에 불만이 있나요? 그렇다면 지금 당장 새로운 생각, 발전적인 생각을 해 보세요. 그리고 떠오르는 생각들을 실행해 보세요. 그것만이 불만을 해소하는 가장 빠르고 올바른 길입니다.

사랑하는 친구 · · ·

"그는 수많은 다른 여우들과 똑 같은 여우에 지나지 않았어. 하지만 내가 그를
친구로 삼았으니까, 지금은 세상에 단 하나밖에 없는 여우가 된 거야."

— 생텍쥐페리, 〈어린 왕자〉 중에서

세상을 살면서 우리는 수많은 사람들과 만납니다. 하지만 우리가 끌리는 사
람은 극소수에 불과합니다. 그들 중에서도 일부가 우리의 친구가 됩니다. 우리가
누구를 친구로 삼는 것은 우리의 마음 주는 것입니다. 그 또한 우리의 마음을 받
아들이고 그의 마음을 우리에게 줄 때 서로 친구가 될 수 있습니다. 그리고 그 친
구는 수많은 사람들 중에 나에게는 세상에 하나 밖에 없는 사람이 됩니다. 무의
미한 존재에서 의미 있는 존재로의 변화, 그것이 친구입니다. 그 의미는 나와 모
든 것을 함께 하는 것입니다.

〈어린 왕자〉에서 기억에 남는 말은 '가장 중요한 것은 눈에 보이지 않아' 입니
다. '행복은 아주 작아서 현미경으로 보아야 보인다' 라는 말도 있습니다. 작아서
눈에 잘 보이지 않아도 행복은 우리 앞에 있습니다. 나에게 기쁨을 줄 수 있고, 마
음의 위안을 줄 수 있는 친구가 있나요? 그가 바로 우리 곁에 있는 행복입니다.
잘 보이지 않아서 이제 그 의미를 잊었나요? 소중한 친구는 눈에 잘 보이도록 앞
으로는 더 자주 보고 더 많이 사랑해 주세요.

연습 반복 • • •

"빠르고 대단한 발전을 추구하지 마라. 날마다 조금씩 나아지려고 노력해라. 그 것이 실력을 습득하는 유일한 길이다. 그렇게 얻은 실력은 오래 유지된다."

：「우든」

"자동적으로 될 때까지 반복하는 것이 얼마나 중요한지는 아무리 강조해도 지 나치지 않다. 반복은 학습의 열쇠다."

：「학생이 배우지 못했다면 제대로 가르친 게 아니다」

— 대니얼 코일, 〈탤런트 코드〉 중에서

'재능은 타고 나는가?'라는 의문의 답이 여기 있습니다. 결론적으로 재능은 심층연습과 반복의 결과라고 요약됩니다. 여기에 불을 붙인 동기^{점화}가 더해지면 각 분야의 최고가 됩니다. 굳이 재능이라고 표현할 만한 조건이 있다면 그것은 집중하는 능력이나 열정적인 집착을 타고나는 것입니다. 연습과 반복을 계속하 려면 인내심이 뒷받침되지 않고서는 힘들기 때문입니다.

우리는 여기서 새로운 희망을 찾습니다. 나이와 상관없이 지금부터라도 어떤 일에 오랫동안 집중해서 연습하고 반복할 수 있다면 우리 또한 그 분야의 대가가 되지 말라는 법이 없습니다. 새로운 기술이든 운동이나 취미든 자신감을 갖고 도 전해 보세요. 재능은 발견하는 것이 아닙니다. 내가 만드는 것입니다.

보수 작업 · · ·

행복한 부부가 불행한 부부와 크게 다른 점은 부부싸움을 하는 중에 아니면 하고 난 후에 곧바로 보수 작업을 한다는 점입니다. 상황이 더 악화되지 않도록 브레이크를 밟는 것이죠.

— 최성애, 〈행복 수업〉 중에서

어떤 인간관계든 나쁜 감정을 오래 품으면 그 관계는 깨질 수 있습니다. 그렇기 때문에 최대한 빨리 얽힌 감정을 풀어야 합니다. 부부관계의 경우 즉각적인 보수 작업을 통해 이혼율을 87%나 낮출 수 있다는 연구결과가 있다고 합니다. 한편 사소한 다툼이나 분쟁으로 관계가 급격히 나빠지지 않도록 평소에 정서 통장을 (+)로 넉넉히 적립하는 것도 중요합니다. 악감정의 봇물이 일순간에 터지지 않도록 둑을 두둑하게 쌓아두는 것입니다.

부부는 얼굴을 맞대고 있는 사이이기 때문에 악감정이 바로 칼날이 됩니다. 그래서 어떤 부부는 부부싸움을 하면 3분 이내에 바로 사과를 하고 화해를 한다고 합니다. 그 시간이 지나면 나쁜 감정이 굳어버린다고 생각하기 때문입니다. 부부싸움을 하고 나면 대부분 후회를 합니다. 하지만 부부 사이라도 먼저 나서서 사과를 하고 화해를 하는 것은 쉽지 않습니다. 보수 작업은 빠르면 빠를수록 좋습니다. 나의 마음이 편하기 위해서라도 서둘러야 할 일입니다.

7강 - 행복해지는 나 찾기

흐르는 세상 · · ·

만난 것은 헤어지고, 올라간 것은 내려오며, 모인 것은 흩어지게 마련입니다. 형상은 언젠가 사라지고 맙니다. 그리고 새로운 형상이 다시 생겨납니다. 형상의 세상이란, 흘러가는 구름과도 같습니다.

— 에크라르트 톨레, 〈이것 또한 지나가리라〉 중에서

지구상에서 일어나는 자연 재해를 보면 인간 형상의 무상함을 새삼 깨닫게 됩니다. 자연의 힘 앞에 모든 것이 한 순간에 사라질 수도 있습니다. 하지만 인간에게 재앙이 되는 현상이 지구로서는 어떤 균형을 잡아가는 노력일 수 있습니다. 예를 들면 인간에게 많은 피해를 주는 태풍은 적도 부근으로 많이 모인 수분을 반구 위로 배분하는 역할을 한다고 합니다. 우리는 최대한 피해에 대비하고 자연과 조화롭게 살 수 있는 방법을 찾아야 합니다.

자연의 모든 것은 변하고 흘러갑니다. 이런 생각이라면 깨어 있을 때 과거에 집착하고 미래를 불안해 하는 강박관념에서 벗어날 수 있습니다. 그리고 우리가 보고 느낄 수 있는 지금 이 순간에 집중할 수 있습니다. 내가 살아 숨쉬는 지금 이 순간만이 소중하기 때문입니다. 잠깐이면 지나갈 소중한 순간인데 헛되이 보내기보다 늘 기뻐하고 감사해 하며 보내야 하지 않을까요?

나를 넘어라 ···

자기 발에 맞으면 그 신발을 신어라. 하지만 발에 맞지 않으면 미련을 두지 말고 버려라. 다른 사람들의 비판 때문에 자기의 자신감에 상처를 주어서는 안 된다. 인생의 승자는 다른 사람보다 우월한 사람이 아닌 과거의 자신보다 우월한 사람이다.

— 로버트 K. 쿠퍼, 〈로버트 쿠퍼 박사의 100퍼센트 인생 경영〉 중에서

에밀 쿠에가 만든 '나는 날마다 모든 면에서 점점 더 좋아지고 있다'는 자기 암시 주문이 있습니다. 이 문구를 되풀이하는 효과로 자아를 긍정적으로 보게 되고 또한 세상을 긍정적으로 보게 됩니다. 그럼으로써 자신을 조절할 수 있게 되고 병도 치료할 수 있다고 합니다. 세상에서 승리하는 것은 다른 사람을 이기는 것이 아닙니다. 그것은 나 자신을 이기는 것입니다.

우리가 자신을 이기고 어제의 자신보다 조금이라도 더 나아지려고 노력할 때 세상에서도 승리할 수 있습니다. 나와 남은 다릅니다. 그래서 다른 사람의 능력과 나의 능력도 다릅니다. "최선을 다했다."라고 말할 수 있는 것은 남과 비교한 기준이 아닌 자신의 한계와 관련이 있습니다. 매일매일 어제의 한계를 넘어설 작은 도전을 할 때 자신의 한계는 무한하게 확장될 수 있습니다. 나를 지배하고 세상을 지배할 수 있습니다.

나를 넘어라 2 · · ·

사람이 자기자신을 잊으면 잊을수록―스스로 봉사할 이유를 찾거나 누군가에게 사랑을 주는 것을 통해―그는 더 인간다워지며, 자기 자신을 더 잘 실현시킬 수 있게 된다. 소위 자아실현이라는 목표는 실현시킬 수 있는 것이 절대로 아니다. 자아실현을 갈구하면 할수록 더욱 더 그 목표에 이르지 못하게 된다는 단순한 이유 때문이다. 다른 말로 하자면 자아실현은 자아초월의 부수적인 결과로서만 얻어진다는 말이다.

— 빅터 프랭클, 〈죽음의 수용소에서〉 중에서

빅터 프랭클은 제2차 세계대전 당시 악명 높았던 아우슈비츠 수용소와 다른 수용소 생활을 통해 '인간이 시련을 가져다주는 상황을 변화시킬 수는 없다. 하지만 그에 대한 자신의 태도를 선택할 수는 있다'고 주장합니다. 우리의 영혼을 지배할 수 있는 것은 자신 외에 아무도 없습니다. 신조차도 인간에게는 자유의지를 선물로 주셨습니다. 스스로 외부 상황의 지배를 받느냐 안 받느냐는 전적으로 자신의 의지에 달려 있습니다.

외부의 지배를 벗어나는 방법은 나를 버려 지배 받을 대상 자체를 없애버리는 것입니다. 나를 버리고 남을 위해서 살 때 비로소 자아는 해방되고 자유로워질 수 있습니다. 진정한 자아실현입니다. 그리고 다른 사람을 도울 때 비로소 완성됩니다. 자신의 본 모습은 자기 깨달음이 아닌 세상에 비춰진 모습을 통해 발견할 수 있습니다. 지금 거울을 보고 있나요? 거울에 비친 내 모습은 나의 참모습이 아닙니다. 주변 사람들의 눈을 보세요. 그 속에 있는 내 모습이 나의 참모습입니다.

최고의 나 · · ·

경쟁이란 단순히 경주에서 상대를 이기는 걸 의미하는 것이 아니다. 경쟁의 진정한 의미는 내가 누구인가를 발견하라는 것이다. 내 가슴과 영혼이 원하는 일을 하라는 것이다. 내 안에 있는 최고의 나와 만나라는 것이다. 더 행복해지고 풍성해지라는 것이다. 그래서 내가 가진 최상의 것을 세상에 내놓으라는 것이다.

— 김범진, 〈1250°C 최고의 나를 만나라〉 중에서

경쟁에 관한 최고의 명언은 '적을 알고 나는 알면 백전백승'이라는 말이 아닐까요? 나와 상대방의 전략을 정확하게 파악하면 누가 이길지 알 수 있습니다. 여기에 백전백승의 비밀이 숨어 있는 것입니다. 바로 '패배할 싸움은 걸지 않는다'입니다. 나와 상대방과의 비교우위가 분명하여 내가 질 것이 뻔한 데 왜 싸우나요? 이길 싸움만 하면 되니 승률은 당연히 전승全勝입니다.

현대의 경쟁사회에서 보면 보이지 않는 싸움이 있습니다. 내가 앞으로 나아가지 못하면 금세 뒤로 처집니다. 어차피 지는 싸움이라고 싸우지 않으면 정말로 지는 것입니다. 그러니 어떻게든 상대방을 이길 방법을 찾아야 합니다. 이것이 전략입니다. 그 전략은 내가 가진 최상의 것을 끌어내는 것입니다. 그것조차 부족하다면 최상의 것을 더 끌어올리는 노력을 해야 합니다. 그것이 바로 모든 경쟁을 뛰어넘어 최고의 자리를 차지할 수 있는 이 시대의 전승전략입니다.

행복한 우연 만들기 ···

행복한 인생이란 우연히 만들어지는 것이 아니라 우연히 찾아온 행운을 어떻게 내 것으로 만드느냐에 달려 있다.

세렌디피티는 운을 불러들이는 능력이기도 하다. 이 능력을 내 것으로 만들면, 날마다 우리 눈앞을 마치 회전목마처럼 스쳐 지나가는 '영감의 씨(運)'를 바로 이때다 싶을 때 붙잡을 수 있게 되는 것이다.

— 히노하라 시게아키, 〈행복한 우연 Serendipity〉 중에서

성공한 사람들을 보면 성공에 이르는 험난한 과정 중에 한 번쯤 우연히 행운을 만나는 경우를 볼 수 있습니다. 이렇게 찾아오는 행운을 미국의 사회학자 로버트 머튼은 세렌디피티의 법칙이라고 불렀습니다. 그럼 이러한 'Serendipity'를 맞이하는 방법은 무엇일까요?

첫째, 세상의 모든 위대한 발명이나 발견은 논리의 차원이 아니라 영감의 차원이므로 논리를 관장하는 우뇌를 적극 활용하는 것입니다. 둘째, 우리 주변에 발생하는 일들 중에 우연은 없습니다. 간절히 바라고 관심을 집중하면 어떤 형태로든 우리에게는 반드시 이루어집니다. 셋째, 행복한 우연은 준비된 자에게만 온다는 것입니다. 넷째, 소망에 대한 겸손한 자세입니다.

모험하는 인생 · · ·

모든 것에 대비책을 세우기 위해 애쓰지 마십시오. 때로는 안전을 위한 대비책이 더욱 위험할 수 있습니다. 그렇다고 인생을 위험 없이 살 수는 없습니다. 모든 위험에 보험을 들어봐야 자신감만 없어질 뿐입니다. 사람들은 안전이 보장되지 않으면 모험을 하지 않으려고 합니다. 하지만 어떤 일이든 실패를 각오하고 과감하게 뛰어들었을 때 비로소 돌파할 수 있습니다.

— 안젤름 그륀, 〈머물지 말고 흘러라〉 중에서

우리 주위에는 온갖 위험이 도사리고 있습니다. 길에서 갑자기 차에 치일 수도 있고, 자다가 못 일어날 수도 있습니다. 원시인들이 우리가 사는 도시에 나타났다고 생각해 보세요. 그들은 모든 것이 낯설고 무서워서 한 걸음조차 떼지 못할 것입니다. 어린아이였을 때는 우리도 마찬가지였습니다. 하지만 지금 우리는 이런 위험한 세상에서 용감하게 살아가고 있습니다. 부모의 보호 속에서 성장하고 위험 속에서 살면서 적응이 되었기 때문입니다.

처음 만나는 위험한 일이 있나요? 부딪치지 않으면 위험을 알 수 없습니다. 겪어보면 그 위험에도 충분히 적응할 수 있습니다. 우리가 지금까지 그렇게 살아왔고 또 먼저 그렇게 살았던 사람들이 있었기 때문입니다. 처음 걸을 때 여러 번 넘어졌습니다. 넘어져도 다시 일어나 걸었기 때문에 뛸 수도 있게 된 것입니다. 모험은 처음이 어렵습니다. 하지만 발걸음을 과감하게 내디딜 때 그리고 넘어질 것을 두려워하지 않을 때 언젠가는 세상을 휘저으며 뛰게 될 것입니다.

1% 도전 · · ·

내 일에 애정을 쏟지 않는다면 그것은 내 일이 아니라, 남의 일을 대신 해주는 것에 불과하다. 무슨 일이든 그 일에 흠뻑 빠지지 않는다면 그것은 결코 내 일이 아니다. 지금 하는 일을 좋아하고 사랑하려면 그 일을, 지금 만들고 있는 제품을 끌어안고 자야 한다. 그만한 관심과 애정이 없다면 자기 일이 아니다.

— 이나모리 가츠오, 〈왜 일하는가〉 중에서

'워크홀릭workaholic; 일 중독' 이라는 표현이 등장하면서 일에 미친다는 것이 마치 약물 중독처럼 나쁜 것에 중독되는 양 인식이 바뀌었습니다. 그러나 여전히 성공하는 사람은 자기 일에 열정을 갖고 미쳐 있는 사람입니다. 일을 하는 것만으로도 행복할 수 있고, 성공함으로써 조화로운 삶도 추구할 수 있게 되는 것이 아닐까요?

일에 미치고 싶어도 일이 없는 사람도 있습니다. 지금의 일이든 새로운 일이든 불꽃처럼 내 몸을 태워 일할 수 있는 사실에 감사해야 합니다. 상위 1%의 사람들은 노는 것보다 일이 즐거운 워크홀릭입니다. 지금 주어진 일을 애인만큼 사랑하고 집중하세요. 노는 것만큼 일하는 것도 괜찮다고 말할 수 있는 상태에 점차 도달할 것입니다. 그것이 바로 상위 1%로 다가가는 신호입니다. 그러면 어느새 최선의 선택이 최고의 선택으로 되어 있지 않을까요?

절대긍정 · · ·

성공하려면 초심, 열심, 뒷심의 3심이 필요하다. 처음에 가졌던 각오와 자신감을 시간이 지나도 잃지 않는 초심, 끈기 있게 도전하는 불굴의 정신을 유지하는 열심, 일을 확실하게 마무리하여 성과를 최대화하는 능력을 갖추는 뒷심이 그것이다. 이 세 가지 마음을 지속적으로 유지하는 에너지는 무엇보다도 절대긍정의 마인드에서 나온다.

— 김성환, 〈절대긍정〉 중에서

모든 것에 대해 긍정적인 생각을 하는 사람은 끊임없이 노력합니다. 그 노력의 결과가 반드시 있다고 믿기 때문입니다. 반대로 부정적인 생각에 사로 잡힌 사람들은 노력하지 않습니다. 노력해봐야 아무 소용이 없다고 생각하기 때문입니다. 그들에게는 초심, 열심, 뒷심 어느 것도 없습니다. 아무런 일도 시작하지 않아서 초심이 없기 때문에 열심, 뒷심도 없습니다.

긍정적인 생각을 가진 사람은 무슨 일이든 과감하게 시작합니다. 그래서 그 사람에게는 초심이 생기고, 반드시 일을 이루기 위해 열심, 뒷심을 발휘합니다. 긍정적인 생각은 나를 있는 그대로 인정하는 데서 생길 수 있습니다. 내가 지금 할 수 있는 일이 있고, 할 수 없는 일이 있다는 것을 아는 것입니다. 되지도 않는 일에 매달려봐야 소용 없고 그로 인해 실패를 거듭하면 부정적인 생각이 생길 수밖에 없습니다. 하지만 내가 할 수 있는 일을 찾아 하나하나 실천에 옮길 때 세상은 나의 편을 들어주기 시작할 것입니다.

자기 사랑 • • •

먼저 자기 자신을 소중하게 여기지 않으면 어떠한 일도, 또 어떠한 사람도 소중히 여길 수 없다.

다른 사람들이 자기를 이렇게 대우해 주었으면 하고 생각하는 것처럼 자기 자신에 대해서도 대우한다.

자기 자신을 소중하게 여기면 여길수록 노여움이나 분노가 적어져서 자기 자신에게나 다른 사람에게 보다 풍부한 애정을 갖은 사람이 될 수 있다.

— 스펜서 존슨, 〈1분 자기혁명〉 중에서

사랑은 받는 것이 아니라고 하지만 사랑을 받아보지 않은 사람은 남을 사랑할 수 없습니다. 본능 차원을 넘어선 인간적인 사랑은 배우지 않고는 할 수 없기 때문입니다. 그 사랑은 누구에게서 배울까요? 태어나서 처음 만나는 엄마, 아빠로부터입니다. 그래서 유아기 시절에 부모로부터 제대로 사랑을 받지 못한 사람은 정서적 문제가 발생하기도 합니다.

어린 시절 소중한 사랑을 받은 사람은 자신 또한 소중하게 여깁니다. 사랑 받는 존재이기 때문에 소중함을 알게 되는 것입니다. 반대의 경우 자신을 소중하게 여기지 못하고 또한 남도 소중하게 여기지 못하게 되는 것입니다. 그렇지만 이미 어른이 된 사람은 세월을 돌이킬 수 없습니다. 다만 있는 그대로의 자신을 받아들이고 스스로 소중하게 여겨야 합니다. 항상 자신을 남에게 대우 받을 수 있는 존재라고 생각하고 사랑하세요. 그러면 어느 순간 다른 사람들도 사랑할 수 있게 될 것입니다.

내면 전투 · · ·

우리는 종종 싸움을 오직 타인과 관계하는 방식으로 생각한다. 그러나 가장 큰 싸움은 우리의 내면에서 발생한다. 마음을 통제하는 것이야말로 우리가 직면하는 가장 큰 도전이자 핵심적인 전장(戰場)이라고 할 수 있다.

— 주디스 라이트, 〈단 하나의 결심〉 중에서

살아가면서 가장 힘든 싸움은 자기 자신과의 싸움입니다. 우리는 항상 어떤 일을 놓고 하루에도 여러 번 마음의 갈등을 합니다. 우리의 삶은 할 것인가? 말 것인가? 선택의 연속입니다. 이때 해야 할 일을 하고, 하지 말아야 할 일을 하지 않는 것이 상식적으로 옳은 선택입니다. 하지만 우리의 마음은 언제나 올바른 선택을 지지하지는 않습니다. 가령 다이어트를 해야 하는데 음식을 먹을 것인가? 말 것인가? 먹었으면 운동을 할 것인가? 말 것인가? 고민합니다.

우리의 머리는 올바른 선택이 무엇인지는 알지만 마음은 그렇지 않습니다. 당장의 욕구를 채우는 쪽, 편한 쪽, 위험이 없는 쪽으로 움직입니다. 마음의 조절이 용이하다면 누구나 다이어트에 성공할 것입니다. 하지만 현실은 그와 반대입니다. 나를 이기지 못하고 마음의 나쁜 선택을 따르기 때문에 다이어트에 성공하는 사람의 수는 상대적으로 적습니다. 지금 내면에서 전투를 치르는 일이 있나요? 마음의 선택을 따르지 말고 옳은 일을 그냥 하세요. 전투의 승자는 우리가 밥을 주는 쪽입니다. 그리고 그 쪽이 어디인지 우리는 잘 알고 있습니다.

행복 프레임 · · ·

우리는 서로 다릅니다. 그 다름으로 인해 우리 각자는 유일한 존재이며 각자가
받은 사명 또한 고유합니다. 우리의 이러한 위대함을 기뻐하며 자존감이 날로 자
라게 합시다. 그럴 때 행복은 활짝 피어날 것입니다.

— 안드레아 가스파니노, 〈지금 행복하세요?〉 중에서

대부분의 사람들이 행복을 꿈꾸고 추구하며 살아가고 있습니다. 하지만 그
행복을 삶의 목표나 이루어야 할 꿈으로만 생각한다면 결국 이루지 못할 것입니
다. 어느 순간 행복을 얻는다고 해서 그것이 지속되는 것은 아니기 때문입니다.
그래서 늘 좇고 추구만 하다가 인생을 마감합니다. 그리고 마지막 순간에 불행한
인생을 살았다고 한탄합니다.

이제 행복은 잡으면 없어지는 것이 아니라 언제든 느낄 수 있는 감정이라고 생
각해보는 건 어떨까요? 우리가 지금 이 순간이 행복하다고 느끼면 행복한 것이
고, 불행하다고 느끼면 불행한 것입니다. 행복도 불행도 항상 지속되는 것이 아
니기 때문에 지금 이 순간 느끼는 것이 중요합니다. 그리고 그 감정은 전적으로
주관적인 것이어서 타인이나 외부 환경에 의해서 영향 받을 필요가 없습니다. 다
만 행복과 불행은 동전의 양면과 같아서 우리가 어떤 면을 바라보느냐에 따라 모
습을 드러내는 것입니다. 그렇다면 지금 우리는 어떤 면을 선택해야 할까요?

선택된 고통 · · ·

인간은 쉽게 수동적으로 받는 쾌락을 따분하게 여기며, 직접 쟁취한 쾌락을 훨씬 더 좋아한다. 그는 무엇보다도 먼저 행동하고 정복하는 일을 좋아하는 것이다. 괴롭힘을 당하거나 참고 견디는 일을 좋아하지 않는다. 그러니까 그는 행동이 없는 즐거움보다는 오히려 스스로 행동할 수 있는 고통을 선택한다.

— 알랭, 〈알랭의 행복론〉 중에서

우리가 직접 선택한 일은 아무리 힘이 들어도 해내고 맙니다. 역설적으로 그 고통 속에서 쾌락을 느낍니다. 높은 산을 오르는 등산은 여간 힘이 드는 것이 아닙니다. 하지만 그 과정에서 느끼는 즐거움과 산 정상에 올랐을 때의 쾌감은 비할 데가 없습니다. 억지 등산은 상당히 고통스러울 것이지만요.

젊어서 고생은 사서도 한다는 말도 같은 맥락입니다. 고생의 열매가 아주 달콤해 내가 먼저 선택해서 즐겁게 할 수 있다는 말입니다. 인생을 살면서 고통스럽고 힘든 일들을 피하려고만 할 것이 아니라 내가 먼저 선택해서 달려든다면 무슨 일이든 즐겁게 해낼 수 있을 것입니다. 그리고 그러한 선택의 결과로 우리는 무한하게 성장할 수 있습니다. 여러분은 어떤 고통을 선택해 볼 건가요?

방향키를 잡아라 ···

배가 목적지를 향해 제대로 항해를 하려면 필수적으로 두 가지가 필요합니다. 하나는 나침반이고, 또 하나는 나의 위치 정보입니다. 나침반이 없으면 나아갈 수 없고, 현재의 나의 위치를 모르고서는 방향을 잡을 수 없기 때문입니다.

— 신병철, 〈개인 브랜드 성공전략〉 중에서

항해를 시작한 배는 이미 목적지가 있는 것입니다. 목적지도 없이 배가 무작정 항구를 떠날 수는 없습니다. 지도와 나침반으로 방향을 잡아 항해를 하는데 도중에 자신의 위치를 파악하지 못하면 길을 잃게 됩니다. 항해를 인생으로 보면 비전과 목표를 가지고 원칙에 따라 방향키를 잡는 것이라 할 수 있습니다. 하지만 자신이 누구인지 잃는 순간 나아갈 길도 잃게 됩니다. 길을 잃으면 원하는 목표도 달성하지 못한다는 것은 자명한 이치입니다.

우리는 살아가면서 자신의 위치와 본분을 제대로 알고 있어야 합니다. 주제파악을 해야 한다는 것입니다. 자신의 능력에 벗어나는 일을 무리하게 추진하거나 다른 사람이 대신 해서는 내 인생의 목표를 이룰 수 없습니다. 자신의 목표는 자신만이 이룰 수 있습니다. 그러기에 목표를 이루는 데 가장 큰 걸림돌은 바로 자신입니다. 내가 나를 알지 못한다면 나를 넘을 수 없고 나를 넘을 수 없으면 목표를 향해 갈 수 없습니다.

그냥 행복하기 · · ·

우리는 왜 기분이 좋아지는 것을 스스로 막는 것일까? 그것은 바로 우리가 스스로에 대하여 좋은 기분이나 사랑을 충분히 누릴 자격이 없다고 생각하기 때문이다. 무엇보다 좋은 기분을 충분히, 지속적으로 느끼는 연습을 많이 해보지 못했기 때문이다. 개인의 삶은 물론 인류의 역사는 역경을 헤쳐나가는 법에 대해서는 수많은 가르침을 주지만 기분이 좋아지는 법이나 좋아진 기분을 유지하는 법 따위에는 관심조차 두지 않는다.

— 게이 핸드릭스, 〈다섯 가지 소원〉 중에서

대부분 화가 나거나 짜증이 날 때 그 나쁜 기분을 쉽게 떨쳐버리지 못합니다. 또한 자신이 저지른 잘못에 대해서도 너무 깊이 오래 생각하는 경향이 있습니다. 그래서 심각한 경우 화병이 나거나 극단적으로는 자살을 시도하게 됩니다. 이런 행동들에는 남과 자신을 쉽게 용서하지 못한다는 데 원인이 있습니다. 남의 잘못, 나의 잘못을 빨리 용서하고 좋은 기분을 되찾아야 합니다.

세상을 기분 좋게 살아서는 안 된다고 우리에게 강요하는 사람은 아무도 없습니다. 세상을 즐겁고 행복하게 사는 것은 우리의 권리이자 의무입니다. 그리고 그런 행복은 우리 앞에 있습니다. 찾는 것이 아닙니다. 그냥 누리면 되는 것입니다. 그저 그냥 행복하다고 생각하면 되는 것입니다. 행복해서 행복한 것이 아닙니다. 행복하다고 생각할 때 행복해질 수 있는 것입니다. 이미 손에 쥔 행복을 언제까지 찾아 다닐 건가요? 지금 바로 생각하세요, 나는 행복하다고.

하나의 나 · · ·

당신은 세상에 단 한 명이기에, 당신이 찾지 않으면 다른 누구도 찾아줄 수 없다. 가고 싶은 길을 걸으라. 그것이 자신을 찾는 가장 좋은 방법이다. 삶은 자기를 발견하기 위한 모험이다. 당신은 다르다. 누구보다 낫고 누구보다 못하다는 것이 아니라, 단지 다르다. 당신이란 사람은 하나뿐이고 또 특별하다. 당신은 경이롭고 놀랍다. 당신이 될 수 있는 모든 것이 되라. 당신 자신이 되라.

— 매튜 켈리, 〈위대한 나〉 중에서

나는 세상에 단 하나의 존재입니다. 잉태될 때도 수억 대 일의 경쟁률을 뚫은 대단한 존재입니다. 그런데도 사람들은 자신의 가치를 잘 모르고 있습니다. 자신에 대해 잘 알려고 하지도 않습니다. 그래서 대부분 평범하게 생을 보내는가 봅니다. 하지만 내가 단 하나의 존재인 만큼 그 고유한 모습과 창조 목적이 분명히 있을 것입니다. 그렇지 않다면 힘들게 사람을 다르게 만들 필요가 없었을 것입니다.

동물과 달리 인간은 우리의 자유로운 의지대로 살아갈 수 있습니다. 삶의 선택권이 있습니다. 그런데 대부분의 사람들은 그 의지가 아닌 동물처럼 본능적으로 사는 것 같습니다. 선택을 회피하고 주어진 대로 살려고만 하는 것입니다. 하지만 우리는 더 나은 모습으로 살아갈 수 있습니다. 그러기 위해 세상에 하나뿐인 나를 먼저 사랑하세요. 그 가치를 잘 알아보세요. 그리고 그 가치대로 살아 가세요.

낡은 것 버리기 · · ·

오늘날 세상에서 일어나는 모든 기술적 진화와 지정학적 발전을 따라잡는 일은 불가능하다. 그러므로 진정 필요로 하고 관심을 가진 것에만 집중하라. 무언가를 덜어낼 수 없다면 결코 더하지 말라. 만일 7개의 정보 분야를 선택해 거기에만 집중하기로 마음먹었는데 무언가 다른 중요한 것이 나타났다면, 애초의 7가지 중에서 흥미를 잃었거나 혹은 세상이 관심을 돌린 하나를 포기하라.

— 존 나이스비트, 〈마인드 세트〉 중에서

저글링할 수 있는 공의 수는 한계가 있습니다. 여러 가지 일에 똑같이 집중할 수 없기 때문입니다. 또한 한 번에 돌릴 수 있는 공이 항상 같아서도 안 됩니다. 관심도 떨어지고 집중도 할 수 없는 일에 신경 쓰다가 정작 중요한 일을 놓칠 수 있기 때문입니다. 따라서, 버리는 기술이 중요합니다. 낡은 공들을 버리고 새로운 공으로 교체하는 기술입니다.

돌리고 있던 공을 버리기는 쉽지 않습니다. 이미 익숙해졌고, 공들을 모두 놓칠까 두렵기 때문입니다. 그냥 움켜쥐고 있는 것입니다. 하지만 우리가 발전하려면 낡은 것을 버리고 새로운 것을 받아들여야 합니다. 때로는 지금 가진 모든 것을 다 던져 버리고 새롭게 출발하는 것이 필요할 수도 있습니다. 두려움을 버리고 과감하게 던져 보세요. 그러면 새로 재주부릴 공들이 나타날 것입니다.

시간관리 · · ·

당신은 아끼고 아껴서 얻게 된 시간에 무엇을 하고 싶은가? 3시간 걸려서 작성하던 결재서류를 단 30분 만에 끝냈다면, 남는 시간에 무엇을 하고 싶은가? 곧바로 대답이 나오질 않는다면 당신은 시간 관리 방법을 생각할 필요가 없다. 아니, 그런 생각을 해보지 않았다면 시간 관리라는 까다로운 과업에 도전하지도 않을 것이다.

— 공병호, 〈공병호의 성찰〉 중에서

시간 관리는 무엇보다도 정해진 시간 내에 정해진 일을 하는 것이 목표입니다. 일이 늦어지면 시간이 부족하고 다른 일을 하지 못하게 되기 때문입니다. 그리고 정해진 시간 안에 일을 끝내는 습관을 들이면 반드시 남는 시간이 생깁니다. 이때 몸이 피곤하다면 잠시 휴식을 취할 수도 있고 다른 일을 먼저 시작할 수도 있을 것입니다. 하지만 중요한 것은 그런 것들이 미리 시간계획에 포함이 되어 있어야 한다는 것입니다. 그래야 남는 시간도 효율적으로 보낼 수 있습니다.

스스로 시간을 조절할 수 있는 직업이 아닌 경우 다른 사람이나 일로 나의 스케줄이 엉망이 될 수 있습니다. 한창 바쁜데 갑자기 회의 소집이 있거나 중요한 손님이 불쑥 찾아오는 경우가 있습니다. 아니면 직장상사가 이 일 저 일을 지시하는 경우도 있습니다. 결국 항상 시간이 없다고 투덜거리고 시간 관리에서 손을 떼게 됩니다. 그럼에도 불구하고 내 나름대로의 시간 계획을 세우고 있어야 합니다. 그래야 비상사태가 와도 극복할 수 있습니다. 스케줄은 얼마든지 조절할 수 있습니다.

꿈의 숙성 · · ·

세상의 모든 꿈은 숙성기간이 다 다르다. 알을 깨고 나오려는 병아리의 꿈은 달걀이 부화되기까지의 21일이 필요하고, 세상 밖으로 나오려는 아기의 꿈이 이루어지는 데는 열 달이 걸리며, 코끼리는 2년이나 기다려야 한다. 꿈도 마찬가지다. 어떤 꿈은 며칠 만에도 이루어지지만 어떤 꿈은 꼬박 20년이 걸리기도 한다. 그렇기 때문에 우리는 많은 꿈을 가져야 한다. 너무 지나치지 않나 생각될 정도로, 종이 위에 적어도 101가지 꿈은 적혀 있어야 한다.

— 잭 캔필드 · 마크 빅터 한센, 〈잭 캔필드의 응원〉 중에서

단 하나의 큰 꿈을 이루기 위해서는 필생의 노력이 있어야 합니다. 하지만 그 집중의 과정에서 간과하기 쉬운 것이 우리의 작은 꿈들일 것입니다. 크기와는 상관없이 정말 내일 갑자기 이루어지는 꿈도 있을 것이고, 죽는 날까지 이루지 못하는 꿈도 있을 것입니다. 중요한 것은 꿈꾸지 않는다면 어떤 꿈도 이루어지지 않는다는 것입니다.

꿈을 구체적으로 표현하는 방법은 바로 종이 위에 적는 것입니다. 지금 나의 꿈 노트를 마련하세요. 그리고 최대한 많은 꿈들을 적으세요. 미국의 존 고다드라는 사람은 1940년 그의 나이 15세에 인생의 목표 127가지를 노트에 적었습니다. 그리고 거의 모든 꿈을 이루어가고 있다고 합니다. 꿈이 많으면 꿈을 이루기 위한 인생을 살게 됩니다. 세상을 단 하루도 헛되이 살 수 없게 됩니다. 그리고 그 과정에서 많은 꿈들을 이루게 됩니다. 많이 꿈꾸고 많이 이루세요.

세상의 구멍 · · ·

  인생의 가치가 돈을 버는 것이라고 생각하는 사람도 있겠지만 저는 세상의 구멍을 메우는 것이라고 봅니다. 세상에 구멍이 뚫려 있으면 사람들이 어려움을 겪기 때문에 구멍을 메우는 것이 인생에서 가치 있는 일, 아니 인생 그 자체라고 여깁니다. 일로 메울 것인지, 학문으로 메울 것인지는 각자가 결정할 일입니다.

— 요로 다케시, 〈바보의 벽을 넘어서〉 중에서

  세상의 구멍을 메우는 일이란 세상을 좀 더 안전하고, 아름답고, 행복하고, 평화롭게 만드는 일일 것입니다. 구멍의 종류와 크기는 다양하겠지만 반드시 내가 메울 구멍이 있습니다. 세상의 구멍을 메우는 일 그것이 바로 인생의 가치이고, 내가 메울 수 있는 구멍을 메워가는 일 그것이 바로 나의 가치일 것입니다. 그 가치를 실현하는 것은 개인의 자유입니다. 하지만 적어도 세상에 구멍을 내면서 살지는 말아야 할 것입니다.

  우리가 조금만 방심해도 세상에는 많은 구멍이 생깁니다. 사람들이 자신의 할 일을 제대로 하지 않을 때 세상은 점점 더 나쁘게 흘러가는 것입니다. 그리고 소수의 사람이 뚫어 놓은 큰 구멍으로 인해 다른 사람들이 고통을 받을 수도 있습니다. 혹시 지금 세상에 구멍을 뚫어놓고 있지는 않은지요? 다른 사람이 뚫어놓은 구멍을 그저 쳐다보고만 있지는 않은지요? 아니면 그 구멍에 빠져서 허우적거리고 있지는 않은지요? 반성해 보세요. 그리고 그 구멍들을 하나하나 메워 보세요.

자기 신뢰의 힘 · · ·

삶은 누구에게나 주어진 선물이다. 그러나 실제로 삶을 선물이라 느끼는 것은 각자 생각하기에 달려 있다. 삶이라는 선물을 차지하는 일은 우리가 평생 노력으로 풀어야 할 과제요 도전이다. 화창한 날이 지나고 눈비 내리는 때가 오면 삶이 선물이라는 확신은 혹독한 시험대 위에 오른다. 그러나 영혼의 저항력, 즉 복원력 (resilience)은 '그럼에도 불구하고' 삶의 애인이 될 수 있는 능력 위에 자라나는 힘이다.

— 잉에 파취, 〈직감: 인생을 지배하는 자기 신뢰의 힘〉 중에서

선물이라는 것은 항상 마음을 설레게 하고 기쁘게 합니다. 그러나 삶이라는 선물은 즐거움과 고통을 함께 줍니다. 따라서 삶과 애인이 된다는 것은 삶의 전부 심지어 그 끝인 죽음까지도 사랑해야 한다는 것입니다. 삶의 고통과 죽음까지 기꺼이 껴안을 수 있을 때 우리는 삶이라는 선물을 온전히 받을 수 있습니다.

그러나 요즘 뉴스를 보면 삶의 선물을 너무 싶게 취급하진 않나 하는 생각이 듭니다. 하루에 평균 40명, 1만 명당 평균 3명 이상이 삶이란 고귀한 선물을 스스로 내려 놓는다고 합니다. 분명 삶에는 굴곡이 있습니다. 단지 삶이 모두 우상향만 한다면 누구나 삶의 의미가 없을 것입니다. 그렇지만 긍정의 마음가짐으로 삶의 선물을 감사히 여기면 굴곡은 있어도 삶의 그래프는 반드시 우상향 할 것입니다.

8강 – 선택하고 집중하기

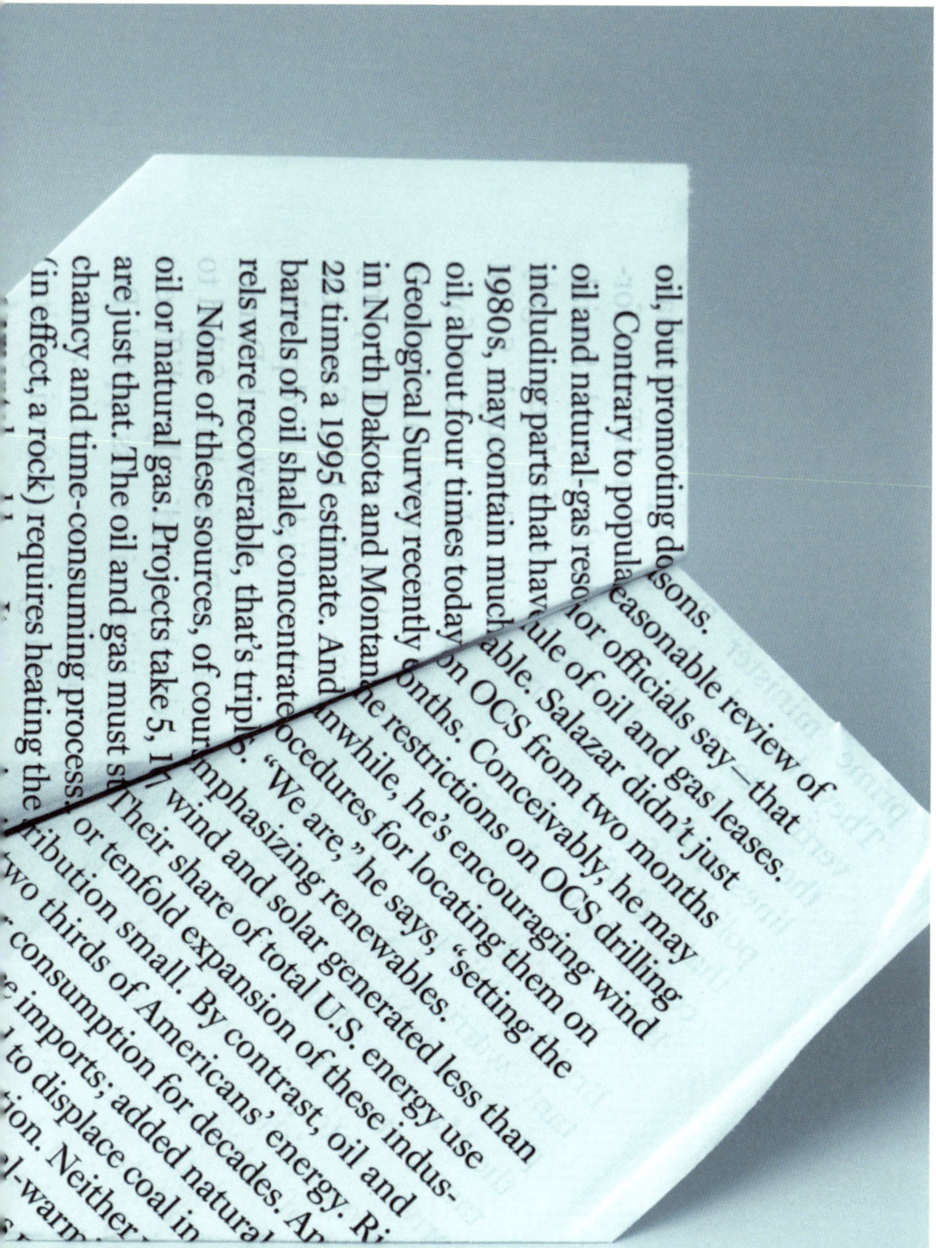

oil, but promoting do[]sons.

Contrary to popula[r] [r]easonable review of
oil and natural-gas reso[urces] [f]or officials say—that
including parts that have[] [r]ule of oil and gas leases.
1980s, may contain much[] [ve]able. Salazar didn't just
oil, about four times today [o]n OCS from two months
Geological Survey recently [m]onths. Conceivably, he may
in North Dakota and Montan[a] [th]e restrictions on OCS drilling
22 times a 1995 estimate. And [Mea]nwhile, he's encouraging wind
barrels of oil shale, concentrate[] [pr]ocedures for locating them on
rels were recoverable, that's tripl[e]. "We are," he says, "setting the

None of these sources, of cour[se] [e]mphasizing renewables.
oil or natural gas. Projects take 5, 1[] wind and solar generated less than
are just that. The oil and gas must st[] Their share of total U.S. energy use
chancy and time-consuming process[] or tenfold expansion of these indus-
(in effect, a rock) requires heating the [tri]bution small. By contrast, oil and
two thirds of Americans' energy. R[i]
e imports; added natural
consumption for decades. A[n]
d to displace coal in
tion. Neither []-warm

천사와 악마 · · ·

"너의 마음조차 통제할 수 없는 한 차원 높은 자아가 네 안에 존재하고 있어. 오로지 관찰과 경험을 통해서만 그 자아와 소통할 수 있을 게야. 마음이란 놀라운 시종 같다가도 끔찍한 주인으로 돌변할 수 있거든."

— 존 펜버티, 〈인생 To Bee or Not To Bee〉 중에서

우리의 마음속에는 천사와 악마가 공존합니다. 천사는 화초와 같고 악마는 잡초와 같습니다. 화초는 열심히 물도 주고 잘 돌보아 주어야 예쁜 꽃을 피우지만 잡초는 내버려두어도 잘 자라고 무성해집니다. 끊임없이 보살펴 주고 다듬어 줄 때 우리의 마음은 비로소 우리를 천사로 만들어 줍니다. 반대로 잡초가 무성해지도록 마음을 돌보지 않을 때 우리는 스스로의 마음조차도 다스릴 수 없는 악마가 되는 것입니다.

자신을 다스리는 사람만이 세상을 다스릴 수 있습니다. 수신제가치국평천하修身齊家治國平天下라고 하지요? 자신의 뜻대로 움직이지 못하고 마음속의 악마를 따르는 사람은 실패의 길을 갑니다. 육체의 욕망을 따라 게으르고, 나태하고, 탐욕스러워집니다. 악마는 쉽고 편한 길, 타락에 이르는 길을 좋아하기 때문입니다. 지금 이 순간에도 우리의 마음속에서는 천사와 악마가 투쟁을 벌이고 있습니다. 어느 쪽에 손을 들어 주실 건가요?

위기를 선택하라 · · ·

수영을 가르치는 오래된 방법 중 하나는 머리를 훌쩍 넘기는 깊은 물에 사정없이 던져 넣은 것이다. 사람들은 머리를 물 위로 내놓기 위해서 필사적으로 허우적거리면서 스스로 수영하는 방법을 터득하게 된다. 이러한 '가라앉기 아니면 헤엄치기'의 극단적인 방법 속에서 빛나는 교훈을 얻을 수 있다. 우리가 도전하지 않는다면 결코 우리는 자라지 않는다는 점이다. 그리고 때로 이러한 도전정신은 목숨의 위협을 느끼는 극한 상황에서 창조된다.

— 찰스 C. 만즈, 〈긍정적으로 생각하라〉 중에서

인생을 살다보면 자신의 운명을 바꾸어 놓을 수 있는 승부의 순간과 조우하게 됩니다. 그 순간에는 반드시 도전을 해야 합니다. 결정적인 승부는 찰나에 결판이 나기 때문에 중요한 순간이라고 판단되면 전부를 쏟아 새로운 도전에 승리하세요.

사람들은 자기의 일에 가진 에너지와 능력의 20% 정도만 사용한다고 합니다. 그래서 자신의 능력에 50%만 발휘해도 세상은 사람들에게 경의를 표하고, 자신의 능력의 90% 이상을 발휘하는 사람에게 머리를 숙입니다. 90%는 아니더라도 최소한 우리의 에너지에 반 정도만 쏟아 부어도 인생의 새로운 도전은 승리로 이끌 수 있습니다.

벼랑 끝 · · ·

훌륭한 리더들은 종종 자신을 벼랑 끝에 세운다. 그리고 그곳에서 뛰어내린다. 모든 사람이 다 벼랑 끝에서 하늘로 날아오르는 데 성공하는 것은 아니다. 그러나 벼랑 끝에서 뛰어내리지 않고 하늘을 나는 새는 없다.

— 구본형, 〈사람에게서 구하라〉 중에서

성공한 사람들 중에는 인생의 맨 밑바닥까지 내려가본 사람이 많습니다. 그 사람들은 그곳에서 포기하거나 좌절하지 않았습니다. 오히려 더 이상 내려갈 데가 없으니 이를 악물고 오르는 데 사력을 다합니다. 인간의 잠재력은 초능력과 같아 극한 상황에서 극대화될 수 있습니다. 각자는 무한한 잠재력을 가지고 있습니다. 그로 인해 최후의 순간에 포기하지 않는 한 누구나 최고의 성공에 도달할 수 있는 것입니다.

편안한 평지를 걷고 계신가요? 그러면서도 불안한 이유는 무엇일까요? 안전이 성공을 보장하지 못하고 또 그 안전이 언제까지 계속될지도 모르기 때문입니다. 제임스 앨런은 '적게 이루고 싶은 사람은 적게 희생해도 좋다. 많이 성취하려는 사람은 많이 희생해야 한다. 높은 곳에 도달하려는 사람은 엄청난 희생을 치러야 한다'고 했습니다. 벼랑 끝에 서서 이 문제에 대해 한 번 고민해 보는 건 어떨까요? 뛰어내릴 것인지 그대로 있을 것인지 선택은 그때 하자구요.

다른 우물파기 · · ·

무엇보다 한 우물만 파야 한다는 믿음은 인간으로 하여금 새로운 시도를 하지 못하게 막는다. (중략) 물론 한 사람이 할 수 있는 일에는 어느 정도 한계가 있다. 그러나 한 우물을 파는 것이 최고라는 생각, 단 하나의 전문직을 고수하는 것만이 최선의 길이라는 생각만 버려도 당신 앞에는 새로운 세계가 열릴 것이다.

— 올리버 버크먼, 〈행복중독자〉 중에서

한 우물만 파는 사람이 성공할 확률이 높다는 것은 사실입니다. 대부분의 성공한 사람들은 한 분야에 집중했기 때문입니다. 하지만 그들도 대부분 처음부터 그 우물만 판 것은 아닙니다. 몇 개의 우물을 파다가 실패하고 마침내 자신의 우물을 찾아 제대로 팠기 때문에 물을 찾아낸 것입니다. 지금 하고 있는 일이 적성에 안 맞고 성과가 없다면 잘못된 우물을 파고 있는 것은 아닐까요?

요즘 세상은 한 우물을 파기도 힘들지만 한 우물만 파서도 힘이 듭니다. 하나의 직장이나 직업이 현재의 경제생활과 미래의 준비까지 보장해줄 수 없기 때문입니다. 이미 투잡, 쓰리잡 시대가 되었습니다. 생활의 보장뿐만 아니라 자신의 능력 개발 차원에서도 다른 일에 도전해 보는 것이 필요합니다. 그리고 그 일이 의외로 새로운 가능성이 될 수도 있습니다. 바로 자기의 진짜 우물 말입니다. 그 때가 되면 그 우물을 제대로 한 번 파보세요. 반드시 달콤하고 풍성한 물이 샘솟을 것입니다.

1도 전환 · · ·

결과를 바꾸고 싶다면 반드시 원인을 바꾸어야 한다. 그러나 지금까지의 삶이 기대와는 정반대로 전개되고 있다고 해서 항상 180도의 전환이 필요한 것은 아니다. 오히려 1도의 관점 전환과 1퍼센트의 행동 변화만으로도 충분한 경우가 더 많다. 운전이나 사격을 해본 사람이라면 각도를 1도만 바꿔도 도착 지점이 완전히 달라진다는 사실을 잘 알 것이다.

— 이민규, 〈1%만 바꿔도 인생이 달라진다〉 중에서

인생을 살다 보면 가고 있는 길이 때로는 험해지고 때로는 꽉 막혀버릴 수 있습니다. '아! 이 길이 아니구나' 할 때도 있겠지요. 그렇다고 우리의 인생길을 처음으로 되돌릴 수는 없습니다. 끝까지 가야 할 길이기 때문에 멈춰 있을 수도 없습니다. 또한 지금까지와는 전혀 다른 길을 다시 간다는 것도 해볼 수 있지만 사실은 막막한 일입니다. 하지만 약간만 다른 방향으로 발걸음을 옮긴다면 그동안 보이지 않던 길이 보이기 시작할 수 있습니다.

인생에는 '리셋 기능'도 '게임 오버'도 없습니다. 처음으로 되돌릴 수도 없지만 중간에서 끝나버리지도 않는 것입니다. 오직 관문 통과만 있을 뿐입니다. 관문이라는 인생의 중간의 목표와 전체의 목표만 뚜렷하게 세운다면 가는 길이 곧든 굴곡이 심하든 상관없습니다. 올바른 길을 향해 순간순간 1도라도 방향전환을 하면 되는 것입니다. 지금 일이 잘 풀리지 않습니까? 그렇다면 일을 하는 방식을 조금만 바꿔보세요. 엉킨 실이 풀리기 시작할 것입니다.

현재를 살아라 · · ·

일생을 통해 하등 도움이 안 되는 감정이 두 가지가 있다. 이미 일어난 일에 대한 자책감과 아직 일어나지 않은 일에 대한 섣부른 걱정이 그것이다. (중략) 자책감은 '과거'에 행한 어떤 행위의 결과 옴짝달싹 못한 채 현재의 순간들을 잡아먹는 것을 의미한다. 반면 걱정은 '미래'에 일어날지도 모르는 어떤 일 때문에 현재 안절부절 못하고 있는 상태다.

— 웨인 다이어, 〈행복한 이기주의자〉 중에서

과거에 대한 자책감과 미래에 대한 걱정은 지금 내가 해결할 수 있는 일이 아닙니다. 해결하지도 못할 일을 가지고 끙끙대는 것이야말로 세상에서 가장 어리석은 짓입니다. 나의 노력으로 기분 좋게 만들 수 있는 현실을 회피하고 불편한 감정에 사로잡혀 있는 것입니다. 그런 사람들은 항상 시간이 부족하다고 말합니다. 해야 할 일은 안하고 근심 걱정만 하고 있으니 시간이 부족할 수밖에 없습니다.

시간은 흘러갑니다. 그 시간은 누구에게나 공평합니다. 그 시간을 가장 충실히 이용하는 방법은 지금 이 시각을 충실히 사는 것입니다. 1초 앞의 일을 하는 것입니다. 순간순간 닥치는 일을 하느라 앞뒤가 보일까요? 인생의 성과는 충실히 보낸 시간에 비례합니다. 그러므로 성공한 사람은 자기 일에 시간을 가장 많이 사용한 사람입니다. 과거에 잘못한 일이 있나요? 깨끗이 잊어버리세요. 미래가 걱정되나요? 지금 바로 앞에 있는 일을 먼저 해결하세요. 일에 몰두하는 순간 잡념은 사라집니다.

한계 극복 · · ·

무엇을 하며 일생을 보내든 사람의 한평생은 매한가지다. 일생 동안 오이를 재배하거나, 일생을 바쳐 젓가락을 만들며 살아도 다 같은 한평생이다. 무엇이든 그 분야에서 최고 수준에 도달할 수 있다면 한 번뿐인 인생도 가치를 지니게 되고, 세상을 위해서도 많은 공헌을 하게 된다. 인생이 품어야 할 큰 뜻은 사회적인 지위나 재력에 정도(正道)가 있지 않다. 아무리 협소한 분야일지라도 그 안에서 최고가 되려는 마음가짐, 이것이 바로 큰 뜻의 진정한 의미이다.

— 고다 로한, 〈노력론〉 중에서

'나는 누구인가?', '나는 무엇을 바라는가?', '나는 어떤 사람이 되고 싶은가?', '나는 무엇을 가장 잘 할 수 있는가?' 자기 자신을 알기 위해 던져야 할 질문들 입니다. 인간의 잠재력은 무한하기 때문에 이런 질문들을 통해 자신의 한계를 극복할 수 있게 해줍니다. 그래야 나의 진정한 가치를 발휘할 분야를 찾을 수 있습니다.

우선 자기가 지금 하고 있는 일에 대해 좀 더 애정을 가지세요. 하고 있는 일이 내가 원하는 일이 아니더라도, 몸에 맞지 않는 옷을 입고 있다고 생각해도, 그 옷이 유일한 옷인 것처럼 지금하고 있는 일에 진정을 다하세요. 만약 지금 그릇을 닦는 일을 하고 있나요? 그 그릇을 이 세상 누구보다 최고로 반짝이게 닦아보세요. 그 그릇으로 인해 언젠가는 여러분의 큰 뜻이 이루어질 것입니다.

희망 열매 • • •

어제의 수고가 영글어 오늘의 결실로 나타나듯이
오늘의 수고가 영글어 내일의 결실이 됩니다.
희망은 언제나
어제와 오늘의 수고 속에서 영글어가는 열매입니다.

— 신영복, 〈처음처럼〉 중에서

꿈은 꾸는 걸로만 끝나서는 절대로 이룰 수 없습니다. 감나무 아래 있으면 언젠가 감은 떨어질 것입니다. 하지만 그 감은 너무 익어 맛이 없거나 상한 감일 것입니다. 상상하는 것만으로 자전거를 탈 수 없습니다. 두 다리로 열심히 저어야 합니다. 꿈은 밤에 꾸고 낮에는 그 꿈을 이루기 위해 노력해야 합니다.

희망은 꿈을 꾸는 씨앗으로부터 시작합니다. 싹이 트고 자라서 열매를 맺기 위해서는 땀과 노력이라는 영양분이 필요합니다. 그리고 하나의 열매가 제대로 열리기 위해서는 고통의 과정도 견뎌내야 합니다. 가뭄, 비바람, 눈보라, 그리고 해충에도 인내해야 완전한 열매가 완성됩니다. 지금 꿈을 이루기 위해 열심히 뛰고 있나요? 아니면 편안하게 꿈만 꾸고 있나요?

성실 혁명 · · ·

직장인으로서 탁월한 능력을 갖는 것은 중요하다. 그러나 따져보면 성실성만 제대로 갖춰도 나무랄 데 없다. 지성이면 감천이라고 했다. 지극 정성으로 최선을 다하면 불가능은 없다. 직장 생활이나 사회생활에서 맞닥뜨리는 일 중에 성실을 다하고도 해결하지 못할 일이 무엇이 있겠는가? 있다면 또 얼마나 있겠는가?

— 조관일, 〈1인 혁명가가 되라〉 중에서

과거에는 직장생활에서 능력과 성실성 중 진급에 상대적으로 더 중요한 것은 능력이었습니다. 둘 다 갖추면 금상첨화겠지만 하나만 갖춘 사람이라면 결국 능력 있는 사람이 더 높게 진급했습니다. 하지만 지금은 특별한 조직을 제외하고는 개인의 능력보다는 한 팀의 능력을 더 중요시합니다. 또한 개인의 성과보다 팀의 성과를 더 중요시합니다. 개인들이 아무리 뛰어나도 팀 전체의 성과가 떨어진다면 개인의 성과는 아무 소용이 없는 것이기 때문입니다.

팀이 좋은 성과를 내려면 팀원 개개인의 능력도 필요하지만 그보다 팀원 간의 조화와 협력이 필요합니다. 팀 내의 원활한 인간관계의 기반 위에서 개인의 능력이 조화를 이루어야 합니다. 그런 관계를 만들기 위해서는 개인의 성실성이 뒷받침 되어야 합니다. 성실한 사람은 신뢰할 수 있습니다. 성실한 사람은 자기가 가진 능력을 최대한 발휘할 수 있습니다. 이런 사람들이 모인 조직이 탁월한 성과를 낼 수 있습니다. 이들에게 불가능한 일은 없습니다. 지금 불가능한 일이 앞을 가로막고 있나요? 해결책은 있습니다. 성실한 사람들을 모아 팀을 만드세요. 그리고 장벽을 돌파해 나가세요.

감사 효과 • • •

감사하는 태도를 가진 사람은 정신적 상처나 스트레스를 훨씬 덜 받는다. 단지 심리학에만 국한되는 이야기가 아니다. 긍정적인 마음을 유지하는 사람들은, 부정적인 사람들에 비해 강한 면역력을 가지고 있다는 사실이 밝혀졌으며, 같은 스트레스의 상황에서도 질병의 위험에서 벗어나 평균 10년 이상 장수하는 것으로 분석되기도 한다.

— 데보라 노빌, 〈감사의 힘〉 중에서

에모토 마사루의 〈물은 답을 알고 있다〉에 보면 물은 어떤 단어나 우리가 하는 말에 따라 결정체가 변한다고 합니다. 그리고 전 세계 어느 나라에서나 공통적으로 가장 아름다운 물의 경정을 이루는 말은 '감사' 였습니다. 사람의 몸은 70%가 물로 되어 있습니다. 그 물이 맑고 깨끗해야 사람이 건강할 것입니다. 늘 감사하는 사람, 긍정적인 사람의 몸에는 좋은 물이 채워지게 됩니다. 그래서 건강하고 장수할 수 있는 것입니다.

각각 다른 단어를 써 붙인 두 개의 컵에 물을 넣고 양파를 길렀습니다. 하나에는 욕설을 다른 하나에는 사랑한다는 말을 붙였습니다. 시간이 지나면서 욕설을 붙인 양파는 잘 자라지 못하고 썩어 버렸습니다. 그에 반해 사랑한다는 말을 붙여준 양파는 건강하게 잘 자랐습니다. 양파에게도 양분이 되는 물에게도 긍정적인 말이 건강한 결과를 낳는 것입니다. 사람도 마찬가지입니다. 다른 사람에게 긍정적인 말을 많이 해줄 때 그 사람을 건강하게 만들어줄 수 있습니다.

성격 변화 ···

사람의 성격은 잘 바뀌지 않는다. 또 많은 사람들이 그렇게 믿는다. 주위에서 성격을 바꿨다는 사람을 잘 보지 못했기 때문이다. 성격이 변하는 사람이 왜 없을까? 바꾸려고 노력하는 사람이 별로 없기 때문일 것이다. 그러면 왜 노력을 하지 않을까? 노력으로 성격이 바뀌지 않는다고 믿는 탓도 있겠지만, 설령 바뀐다고 해도 별 이득이 없다고 생각하는 탓도 있을 것이다.

— 이정전, 〈우리는 행복한가〉 중에서

스스로 자신의 성격이 좋다고 생각하는 사람이 얼마나 될까요? 전체 성격은 몰라도 자신의 성격 중에서 고쳐야 할 부분이 없다고 생각하는 사람은 아마 많지 않을 것입니다. 성격 전체를 뜯어 고쳐서 완전히 새로운 사람이 되는 것은 거의 불가능한 일입니다. 하지만 일부의 성격만을 고쳐도 사람은 변할 수 있습니다. 사람의 성격은 여러 요소의 조합으로 이루어지는 것이기 때문에 그 조합이 바뀌면 전체 성격에도 분명히 영향이 있습니다.

무슨 일이든 큰일을 하려면 작은 일부터 시작해야 합니다. 그리고 그 일이 작을 때 훨씬 더 하기 쉽습니다. 성격도 마찬가지입니다. 성격을 바꿔야 한다고 생각해서 인간개조를 할 생각이면 아예 시작도 못할 수 있습니다. 하지만 조그만 약점이나 부적절한 행동부터 조금씩 고쳐나간다면 어느 날 변해버린 자신의 모습을 볼 수 있을 것입니다. 그리고 그 변한 성격으로 인해 좀 더 나은 생활을 하고 더 많은 행복을 누릴 수 있을 것입니다.

놀이도 전략이다 · · ·

'놀이가 왜 배움이 되는가?' 라는 물음에 대한 대답은 죽음을 앞둔 사람들의 후회에서 찾을 수 있습니다. 지난 삶을 되돌아보면서 그들이 가장 많이 하는 후회는 "인생을 그렇게 심각하게 살지 않았어야 하는 건데." 하는 것입니다.

— 엘리자베스 퀴블러 로스 · 데이비드 케슬러, 〈인생 수업〉 중에서

위 글의 저자들은 수십 년 동안 임종을 앞둔 환자들과 상담하면서 단 한 번도 "일주일에 하루 정도는 더 일했어야 하는데." 라거나 "근무시간이 8시간이 아니라 9시간이었다면 더 행복한 삶을 살았을 텐데." 라고 이야기하는 사람을 만나지 못했다고 합니다. 생의 마지막에 이르러 놀이의 중요성을 깨닫는다는 것입니다.

요한 하위징아가 주창한 '호모 루덴스Homo Ludens; 놀이하는 인간'의 개념처럼 인간은 본질적으로 일하는 것보다 노는 것을 좋아합니다. 그리고 그것을 통해 문화를 창조하고 발전시켜 왔습니다. 그런데 사람들은 평생 일에 대한 의무감과 사명감으로 인간의 본질을 잃어가게 됩니다. 그러다가 마지막에 이르러서야 놀이의 중요성을 깨닫습니다. 사람들의 기억에 남는 가장 아름다운 추억은 사랑하는 사람들과 보낸 놀이의 시간들입니다. 인생을 되돌아 보았을 때 그것이 적다면 후회가 몰려오지 않을까요? 추억이 많은 사람은 부자입니다. 추억부자가 되세요.

소비 함정 · · ·

많은 사람들의 삶의 대부분이 사물에 대한 도를 넘은 집착으로 소비되고 있다. 우리 시대의 병적 증상 중 하나가 물질 과잉인 이유가 여기에 있다. 더 이상 자기 본래의 삶을 느끼지 못할 때 사물들로 삶을 채우려고 시도하기 쉽다.

— 에크하르트 톨레, 〈NOW 행성의 미래를 상상하는 사람들에게〉 중에서

삶에서의 만족감을 정신이 아닌 물질로 채우려고 할 때 욕심은 끊이지 않습니다. 소비욕은 어떤 물건을 소유함으로써 내가 다른 사람보다 중요하거나 우월하다는 느낌 때문에 생깁니다. 과다한 소비욕은 우리 자신의 모습까지도 잃게 만들 수 있습니다. 나의 본 모습이 겉에 걸친 옷이나 자동차 혹은 살고 있는 집이 되어버릴 수 있다는 것입니다.

우리가 입는 옷에도 20/80 법칙이 작용한다고 합니다. 20% 종류의 옷을 80% 빈도로 입는다는 것입니다. 잘 입지도 않는 옷을 쌓아두는 것은 낭비입니다. 옷을 많이 가지고 있다는 풍족감보다는 구매 당시에 느끼는 잠깐의 만족감이 더 큰 것이 아닐까요? 그런 소비의 짧은 쾌감 때문에 소비욕은 점점 더 커지게 마련입니다. 그런 소비욕을 물질적 풍요감이 아니라 정신적 풍요감을 위해 한 번 부려 보세요. 정신적 풍요를 위한 소비가 커질수록 명품을 걸친 내가 아니라 명품인 내가 될 수 있을 것입니다.

진정한 나 되기 · · ·

보상을 받는다는 것은 굉장히 기분이 좋은 일이기 때문에, 상을 받기 위해 우리는 다른 사람들이 바라는 일을 계속해서 하게 된다. 그러니까 벌받는 것에 대한 두려움과 상을 받지 못하는 것에 대한 두려움은, 우리로 하여금 진정한 우리가 아닌 다른 사람처럼 행동하게 한다. 그게 다른 사람들을 즐겁게 해주고 다른 사람에게 잘 보이기 위해 그렇게 하는 것이다.

— 돈 미겔 루이스, 〈오늘이 내 삶의 새로운 시작이다〉 중에서

그렇게 많은 세월을 보내다 보면 진정한 나의 모습은 어디론가 사라질 것입니다. 그 자리는 내가 아닌 또 다른 나로 채워져 있을 겁니다. 그것은 빈 껍데기에 불과합니다. 빈 껍데기만 남은 나의 모습을 상상해 보세요. 내 안에 나를 채워야만 온전한 내가 될 수 있습니다. 긍정적이든 부정적이든 나 자신이 올곧게 자리 잡고 있을 때, 가장 '나' 다울 수 있는 겁니다. 즉 자신의 인생을 살라는 것입니다.

현실적으로 다른 사람들과의 관계도 중요하므로 자신만을 위한 삶을 살 수는 없습니다. 하지만 남에게 잘 보이는 인생을 사느라 진정한 자신을 잃어서는 안 되겠습니다. 지금 우리가 있는 곳은 우리의 생각이 이끌어준 곳일 것입니다. 내일도 우리는 우리의 생각이 이끄는 곳에 분명히 존재하게 될 것입니다.

자기 단련 · · ·

놀면서 즐거움을 찾는 사람에게는 큰 기쁨이 오지 않는다. 가장 힘든 '지금'이 있어야만 가장 값지고 기쁜 '미래'를 껴안을 수 있다. 세상은 '자신에게 호되고 남에게 후한 자'에게 궁극적으로 성공이라는 단어를 선물한다.

— 전옥표, 〈이기는 습관〉 중에서

명퇴 후에 조그만 식당을 운영하는 데 몇 달이 지나도 매상이 오르지 않아 걱정과 불안 속에 살던 사람이 있었습니다. 어느 날 건강검진을 받았는데 정밀진단이 필요하다는 결과가 나왔습니다. 혹시 암이 아닐까 걱정했지만 다행히 이상이 없었습니다. 그 후로 그는 큰 기쁨 속에서 살고 있습니다. 장사가 잘 되거나 현실이 좋아져서가 아닙니다. 단지 살아 있다는 것 자체가 기쁘다고 했습니다.

지금 이 순간이 힘들어도 자신을 단련하는 시기라고 생각하고 견뎌내면 더 나은 내일을 기대할 수 있습니다. 그렇다고 어려운 순간에 기쁨까지 잃지는 마세요. 밝은 미래를 위해 고통 속에서 살 수만은 없습니다. 자기 단련의 시기 중에도 기뻐하세요. 더 나은 미래가 기다려서가 아니라 지금 이 순간 우리가 살아 있다는 것에……. 죽음이 가장 두렵고 무서운 것이라면 살아 있다는 것은 가장 즐겁고 기쁜 일이 아닐까요?

자기 창조 · · ·

컨셉은 한마디로 독특하면서도 그 속에 사람들이 열광할 만한 가치를 담고 있어야 한다는 뜻이다. 원래 이것은 예술가들의 성공조건이었다. 그런데 이제는 우리 민간인들의 성공조건도 같아져 버렸다. 해괴한 짓을 해서 사람들이 열광할 만한 아름답거나 놀라운 것을 만들지 않으면 성공할 수 없다. 이제 밋밋한 것 더 이상 약발이 안 먹힌다. 이게 우리의 괴로움 이다.

— 강신장, 〈오리진이 되라〉 중에서

세상에는 두 종류의 사람이 있습니다. 바로 오리진origin; 기원자과 그 나머지 사람들입니다. '스스로 처음인 자', '게임의 룰을 만드는 자', '새로운 판을 짜는 자'는 오리진, 즉 기원자가 되어 세상을 지배하고 자신의 운명을 스스로 창조합니다. 그리고 나머지는 그들 오리진들이 만들어 놓은 게임의 규칙 안에서 서로 피터지게 싸우는 이들입니다.

새로운 가치를 창조하여 오리진이 될 수 있는 그러한 통찰력 아이디어는 어디서 구할 수 있을까요? 그것은 남들이 보지 못한 것을 들여다 보아야 하고 남들이 찾지 못한 것을 꼭 찾아야 한다는 간절함 일 것입니다. 남의 아픔 속에서도 그 속을 들여다 볼 수 있는 절실한 간절함이 있으면 남들이 보지 못한 새로운 것들이 보일 것입니다.

육체 지배 ···

"전쟁에서 승리하기 위해서는 반드시 한가지 일을 해야 한다. 생각이 육체를 지배하도록 해야 한다. 육체가 마음을 좌지우지 하지 않도록 해야 한다. 육체는 항상 포기하려고 하기 때문이다." (조지 패튼)

— 다이엔 콘웨이, 〈두려움이 없다면 당신은 무엇을 하시겠습니까?〉 중에서

우리의 육체는 항상 동물적인 반응만을 일으킵니다. 기본적인 욕구가 해결된다면 힘들고 고되게 움직이기보다는 편하게 있으려고만 합니다. 그러니 육체의 욕구를 따라서는 아무 일도 할 수 없습니다. 힘들고 어려운 일은 말할 나위도 없는 것입니다. 그런 우리의 몸을 움직이기 위해서는 강한 의지가 필요합니다. 지치고 포기하려는 몸을 일으켜 세울 만큼 강한 의지가 아니면 그 의지마저도 포기로 이어질 수 있습니다.

육체를 움직이는 생각을 막는 것은 바로 두려움입니다. 그리고 그 마음은 육체가 피곤할 때나 아플 때 더 강해집니다. 육체가 망가지면 마음까지 망가지기 때문입니다. 그래서 육체건강이 정신건강에도 중요한 것입니다. 새로운 도전에 대해 몸이 거부하고 있나요? 두려움이 앞서고 있나요? 그렇다면 먼저 잘 먹고 잘 쉬고 조금씩 움직여 보세요. 몸이 가벼워지면 마음도 가벼워질 것입니다. 두려움은 달아나고 건전한 생각이 남을 것입니다.

꿈 만들기 · · ·

"사막을 피해 돌아가서는 숲으로 갈 수 없었습니다.
사막에 나무를 심었더니, 그것이 숲으로 가는 길이 됐지요."

— 이미애, 〈사막에 숲이 있다〉 중에서

인위쩐이라는 여성과 그녀의 남편 바이완샹이 중국 네이멍구에 있는 마오우쑤 사막 징베이탕이라는 곳에 1985년부터 나무를 심어 가꿨는데 이제 숲이 되어버렸다고 합니다. 그 숲은 약 46km²(약 1,400만 평)으로 여의도의 약 12배 정도 되는 면적입니다. 처음부터 사막에 숲을 만들겠노라고 시작한 일이 결국 자연환경을 바꾸는 위대한 일이 된 것입니다.

우리는 자신의 꿈을 향해 남들이 간 길을 그대로 가기도 하고, 나만의 길을 만들어 가기도 합니다. 인위쩐은 꿈 자체를 만들어 냈습니다. 사막에서 숲을 찾지 않고 자기가 숲을 만든 것입니다. 자기가 처한 환경을 탓하지 않고 자기가 원하는 환경을 만든 것이지요. 1979년 노벨평화상을 수상한 마더 데레사의 말씀이 생각납니다. "우리는 위대한 일을 하지 못합니다. 다만 위대한 사랑으로 작은 일들을 할 뿐입니다." 인위쩐은 사막을 사랑했고 나무들을 사랑했습니다. 그리고 그 사랑으로 사막에서 숲을 만들어 갔습니다. 우리는 작은 일이지만 위대한 사랑으로 노력해 나갈 때 엄청난 일을 이룰 수 있습니다.

문제 역설 · · ·

"살아가면서 닥치는 모든 문제는 뭔가 중요한 일을 깨닫게 하기 위해서 발생합니다. 그리고 자신이 해결하지 못할 문제는 절대로 일어나지 않습니다. 자신에게 일어나는 문제는 자신이 해결할 능력이 있고, 그 해결을 통해 중요한 사실을 배울 수 있기 때문에 생기는 것입니다."

— 노구치 요시노리, 〈거울의 법칙〉 중에서

누구나 큰 문제가 닥치면 고민에 빠집니다. 문제를 해결할 생각보다는 먼저 나에게 그런 문제가 생긴 것에 대해 분노하고 한탄하느라 시간을 허송합니다. 하지만 문제에 대해 긍정적인 시각으로 본다면 문제가 생긴 것에 대해 반길 것입니다. 큰 문제가 생겼다면 자신에게 크게 배우고 크게 성장할 기회가 생긴 것이기 때문입니다. 그리고 그 문제는 자신이 반드시 해결할 수 있기 때문에 걱정할 필요가 없습니다.

인생을 살면서 크고 작은 문제들은 생기게 마련입니다. 문제가 없다면 그야말로 문제가 있는 인생입니다. 지속적으로 발생하는 문제는 우리를 긴장하게 하고 생존할 수 있는 힘을 줍니다. 그런 투쟁을 통해 우리는 죽는 날까지 성장하는 것입니다. 지금 큰 문제로 고민하고 있나요? 축하합니다. 좋은 소식 기다리겠습니다.

간판을 내려라 · · ·

학문이나 학력은 본래 입신출세를 위한 도구가 아니다. 대학에서 배우는 까닭은 사람들의 행복에 기여하기 위해서이고, 대학에 가지 못한 사람들에게 봉사하고 공헌하기 위해서이다.

— 이케다 다이사쿠, 〈이케다 다이사쿠 명언 100선〉 중에서

우리나라의 현실은 위의 글과 정확히 반대입니다. 입신출세를 위해서, 내가 행복하기 위해서, 사람들을 지배하기 위해서 대학에 갑니다. 대학에 들어간 후에 공부를 하기 위해 목숨을 거는 것이 아니라 대학에 입학하기만을 위해 목숨을 겁니다. 그래서 인지 막상 대학에서 공부할 때 학생들은 이미 녹초가 되어 있습니다. 대학에 들어가는 것이 최우선이고 좋은 사람이 되어 졸업한다는 것은 더 이상 생각할 일이 아니게 됩니다.

해마다 누군가는 고3 수험생의 학부모가 됩니다. 자신들도 이런 현실을 한탄하겠지만 우리아이만큼은 좋은 대학, 'in 서울' 대학에 보내는 데 집착합니다. 하지만 우리가 진정으로 바라야 하는 것은 아이들이 좋은 대학간판을 갖는 것이 아닙니다. 그들이 이 세상을 좀 더 낫게 만드는 사람이 되는 것입니다. 그것은 좋은 대학, 아니 대학 자체와도 상관 없을 수 있습니다. 그러니 먼저 학생 스스로 어떤 사람이 될 것인가, 세상을 위해 무엇을 할 것인가를 생각해 보길 바랍니다.

9강 – 행복한 부자 되기

즐거운 소유 | 성공 시작 | 존중감 키우기 | 긍정으로 강화하라 | 나를 괴롭혀라 |
허물을 벗어라 | 음모 탈출 | 조기 투자 | 눈 굴리기 | 일을 재발견하라 | 나를 기다려라 |
나의 몫 | 나를 리셋하라 | 나를 인내하라 | 현실 재창조 | 100년을 준비하라 |
가족에 미쳐라 | 점진적 성공 | 라이프플랜 | 백만장자 마인드

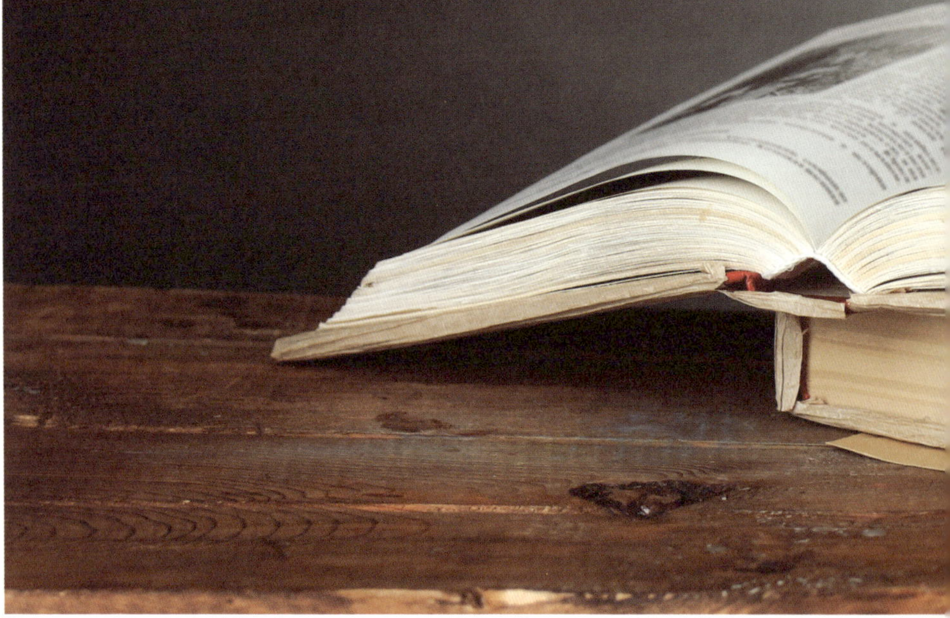

즐거운 소유 · · ·

만일 자네가 마음 밖에 있는 대리인, 이를테면 돈이나 재산, 연인, 성취감 같은 걸로 마음속에 자리잡은 안정을 찾고 있다면, 그건 자네 자신을 속이는 거야. 그런 것들도 물론 나름의 가치를 지니고 있지. 그것까지 부정하는 건 아냐. 하지만 자네가 그런 데다 마음을 두고 있는 한, 절대 그것을 마음껏 즐기지 못한다네.

— 패트릭 프란시스, 〈두려움 없는 삶〉 중에서

들꽃은 거기에서 볼 때 진정으로 아름다움을 즐길 수 있습니다. 꺾어서 집에 들이는 순간 신경을 쓰게 되고 결국은 죽이게 됩니다. 아무리 간절하게 원하던 물건이라도 사고 나면 마음속으로 느끼는 가치가 떨어집니다. 그래서 물건을 살수록 더 사고 싶어지고 돈은 모을수록 더 모으고 싶어집니다. 현재 상태로 충분히 즐기기 어렵습니다. 욕심이 욕심을 부르기 때문입니다.

그리고 그런 물건과 돈, 사람이 있는 곳에 나의 마음이 기울게 됩니다. 소유가 많아질수록 어떤 사람에 대한 집착이 강해질수록 마음의 번민도 늘어납니다. 더구나 나와 맞지 않는 물건이나 사람은 부담과 근심만 만듭니다. 우리는 소유의 즐거움보다는 사용의 즐거움, 누리는 즐거움을 더 추구해야 합니다. 그렇게 될 때 어떤 존재는 더 가치 있고 기쁨을 줄 수 있습니다. 그리고 혹시 잃더라도 마음을 크게 상하는 일이 없을 것입니다. 우리가 살아가면서 완전한 무소유는 사실상 불가능합니다. 하지만 소유에 대한 끝없는 욕망을 버리고 현재의 존재를 즐길 때 즐거운 소유는 가능해 집니다.

성공 시작 · · ·

자기가 쌓아온 시간은 절대로 헛된 것이 아니랍니다. 그러니 그 자리에서 다시 출발하면 돼요. 바로 그 자리에서, 다시 걸어가요. 출발점은 언제나 내가 지금 서 있는 이 자리니까.

— 스즈키 도모코, 〈스마일 데이즈〉 중에서

인생을 살다 보면 늘 순탄하지만은 않습니다. 일이 잘 풀리지 않을 때도 있습니다. 이때 앞뒤가 꽉 막혀 버려 그 동안 해온 일이 온데간데 없어져 버린 느낌이 들기도 합니다. 이 시기를 넘기는 한 가지 방법은 매듭을 풀려고 하지 말고 알렉산더 대왕처럼 '고르디우스의 매듭'을 단칼에 잘라버리는 것입니다. 어려운 문제를 풀겠다고 안절부절하지 말고 새롭게 시작하세요.

단칼에 날려버리기에는 그동안의 노력이 억울할 수도 있습니다. 그래서 지금까지 걸어 온 길을 되돌아가는 실수를 범할 수도 있습니다. 하지만 그 노력은 나의 몸과 마음 어느 구석엔가 쌓여 있어 새로운 출발의 보이지 않는 밑거름이 될 것입니다. 내가 서 있는 자리는 항상 출발점으로 만들어야지 반환점으로 만들어서는 안 됩니다. 되돌아갈 에너지를 분출해 힘차게 출발하세요.

존중감키우기 • • •

자기존중감이 높은 사람들은 다른 사람보다 자신이 더 낫다는 생각을 하지 않는다. 즉, 그들은 어떤 표준적 기준으로 자신을 평가하여 자신의 가치를 입증하려고 하지 않는다. 그들은 타인보다 우월한 자신의 모습에서 어떤 기쁨을 찾는 것이 아니라 있는 그대로의 자신의 모습에서 기쁨을 찾는다.

— 나사니엘 브랜든, 〈나를 존중하는 삶〉 중에서

자기존중감이 높다는 것은 지금까지 자기가 원하는 바를 성취해 왔고 앞으로도 성취할 수 있다는 자신감이 있다는 것입니다. 그런 사람들은 현재의 위치나 상태보다는 미래를 긍정적으로 보기 때문에 항상 기뻐할 수 있는 것입니다. 현재 아무리 부자이며 성공한 사람이라고 인정받더라도 미래를 걱정하고 부정적으로 보는 사람들은 슬프고 불행할 것입니다.

수년 전 열반하신 법정 스님은 아무것도 소유하려 하지 않았지만 눈에 보이지 않는 많은 것을 지니고 계신 분이었습니다. 참 아름답게 살다 가신 분입니다. 직접 무소유를 실천하시고 진정한 기쁨을 누리신 분이 아닐까 합니다. 아무것도 소유하지 않음으로써 다 가진 삶, 자신의 책들도 모두 절판시켜 말 빚조차도 남기지 말라고 하신 스님이 참으로 크게 보입니다.

긍정으로 강화하라 · · ·

아무리 힘든 일이라도 조금씩 맛을 볼 수 있다면 우리는 끝까지 그 일을 해낼 수 있다. 아무리 원대한 목표에 강력한 열정으로 충만하더라도 작은 결과를 맛보지 못하면 결국 지치고 마는 것이 우리의 현재 모습이다. 따라서 단 하루를 보내더라도 무언가 납득할만한 성과를 얻을 수 있어야 한다. 최소한 계획대로 살았다는 심리적 만족감만이라도 있어야 하지 않겠는가?

— 백기락, 〈목표달성을 위한 석세스 플래닝〉 중에서

학습심리학에는 '긍정적 강화' 라는 것이 있습니다. 어떤 행동에 대해 작은 보상이 이루어질 때 그 행동이 강화되어 반복적으로 일어날 수 있게 됩니다. 쉬운 예로 직장의 월급이 있습니다. 직장인은 열심히 일한 대가로 급여를 받게 됩니다. 특히 급여일이 가까워질수록 열심히 일한다는 재미있는 통계도 있습니다. 아주 안정적인 직장이라면 그런 일도 적어지겠지만요.

우리가 행동이 진정으로 강화되는 것에는 이런 외적 자극보다는 내면의 심리적 자극이 더 크게 작용합니다. 내적 동기라고 표현되는 정신적 차원의 보상입니다. 열정, 도덕심, 만족감, 성취감 등으로 순환반복적인 효과가 있어 지속적으로 행동을 강화시켜 주는 것입니다. 간단하게 이를 유발하기 위해서 매일 작은 목표를 세워 반드시 실천하고 스스로에게 작은 상—잘 했다고 나에게 칭찬하기, 맛있는 저녁식사 하기—을 주세요. 재미도 있고 성과도 쌓여갈 것입니다.

나를 괴롭혀라 • • •

무슨 도전을 하든지 고통이 없으면 아무것도 얻을 수 없다. 사람들은 인생이 너무 원만하고 지루할 때 어려움을 찾아 나선다. 따라서 자신을 괴롭히는 것은 아주 좋은 일이다. 고난을 극복하는 것은 마치 수혈을 받고 소생하는 것과 같다.

— 레슬리 가너, 〈나를 괴롭혀라〉 중에서

수영, 헬스, 등산, 마라톤 같은 운동은 신체를 건강하게 해주기 때문에 할 때는 힘이 들지만 계속해서 하게 됩니다. 평소에 운동을 통해 신체를 건강하게 유지할 때 외부에서 나쁜 바이러스가 들어와도 쉽게 물리칠 수 있습니다. 운동하는 것이 힘들다고 몸을 움직이지 않고 음식물만 섭취하면 우리도 모르는 사이에 건강이 조금씩 나빠질 수 있습니다. 그러면 약한 바이러스가 들어와도 쉽게 병에 걸리게 됩니다.

미리 어려움에 단련이 되어 있으면 뜻하지 않은 고난이 닥쳐도 쉽게 극복할 수 있습니다. 그리고 새로운 도전을 두려워하지 않게 됩니다. 그런 사람은 오랫동안 지루한 일상을 보내지 않습니다. 스스로 만든 고난을 통해 성장할 수 있음을 알기 때문에 도전을 멈추지 않습니다. 닥친 고난이 크지 않더라도 끊임없이 움직일 때 정신적으로 강하게 될 수 있습니다. 일상이 너무 편안하고 지루하세요? 그럼 지금부터 새로운 운동이나 외국어 공부 등에 도전해 보세요. 자원봉사활동도 좋습니다. 힘이 들어도 얻는 것이 많게 됩니다.

허물을 벗어라 · · ·

"뱀은 늙고 쭈그러들고 악취를 풍기기 시작한다는 것을 감지하면, 두 개의 돌이 겹쳐 있는 곳을 찾아갑니다. 뱀은 묵은 껍질이 완전히 벗겨지고, 그 밑에서 새로운 껍질이 자라날 수 있도록 매우 협소한 돌 틈새를 통과함으로써 자신을 갈고 닦습니다. 인간도 자신의 묵은 껍질을 바로 그렇게 해야 할 것입니다."

— 알젤름 그륀, 〈내 나이 마흔〉 중에서

사람도 물리적으로는 정기적으로 새로 태어납니다. 우리 몸에는 100조 개의 세포가 있는데 1년간 약 98%가 교체된다고 합니다. 신체 기관과 부위에 따라 그 교체 주기가 다르기는 하지만 1년마다 새로 태어난다고 할 수 있습니다. 늙은 세포는 죽어서 노폐물로 배출되고, 새 세포가 생기면서 생명력을 유지하는 것입니다. 이 과정이 둔화되고 멈출 때 생명은 마감됩니다.

우리는 또한 정신적인 노폐물도 제거해야 건강하게 살 수 있습니다. 그것은 몸에 배인 악습, 안주하려는 마음, 그리고 낡은 생각들입니다. 낡은 세포가 쌓이면 사람은 병들거나 죽게 됩니다. 마음도 마찬가지입니다. 낡은 정신은 오류를 만들어낼 수 있습니다. 바이러스에 감염된 컴퓨터가 느려지고 오류가 나듯이 사람의 행동이 느려지고, 옳지 않은 방향으로 유도할 수 있습니다. 마음의 노폐물이 병원체가 되지 않도록 시시때때로 제거하여 건강을 되찾으세요. 허물은 뱀만 벗는 것이 아닙니다.

음모 탈출 • • •

100년 전만 하더라도 노예들은 농장에서 일했다. 오늘날에도 똑 같은 이야기가 되풀이되고 있다. 수많은 사람들은 대기업, 군대, 정부조직에서 일한다. 이런 것들은 다른 형태의 농장일뿐이다. 우리는 좋은 일자리를 얻기 위해 학교를 가지만 거기서는 부자를 위해 일하는 법, 부자 회사에 자금관리 하는 법, 부자회사의 인력관리 하는 법 등만 가르친다. 어떻게 하면 부자가 될 수 있는지, 어떻게 하면 농장주인이 될 수 있는지는 가르치지 않는다.

— 로버트 기요사키, 〈부자들의 음모〉 중에서

"좋은 학교를 나와서 든든한 직장을 잡고, 일단 돈이 모이면 집이 가장 큰 자산이므로 집부터 사고, 돈은 버는 한도 내에서 아끼고 저축하고, 주식, 부동산, 채권, 펀드에 분산해 장기투자하라." 이것은 일반적으로 우리들이 많이 듣는 재테크의 교과서 같은 이야기입니다. 정말 이렇게만 하면 우리는 부가가 될 수 있고, 큰 농장은 아니더라도 작은 농장의 주인이라도 될 수 있을까요?

분산투자는 아무리 잘해보아도 제로섬^{zero-sum; 이득의 총합이 항상 제로인 상태} 일 수 있습니다. 골고루 나누어 투자한다고 하더라도 한 자산의 가치가 올라가면 다른 자산의 가치는 떨어지는 경우가 많습니다. 결국 아무것도 얻지 못하는 사이 인플레이션은 지속될 수 있습니다. 이러한 부에 대한 새로운 규칙의 변화를 잘 알아내야 부를 이룰 수 있습니다. 이제는 우리도 부의 규칙에 대한 진부한 관점의 탈출을 시도할 시점입니다.

조기 투자 · · ·

성공한 미국인들에 대한 우리의 설문은 다음과 같은 사실을 알려준다. 그들은 젊었을 때 투자를 시작했다. 투자를 처음 시작한 나이는 평균 24살이고 그들 중 10퍼센트는 18살이 되기 전에 시작했다.

— 릭 애들먼, 〈그들은 어떻게 부자가 되었을까〉 중에서

젊어서 재무설계를 시작해서 계획에 따라 꾸준히 지속하는 것이 부자가 되는 가장 좋은 방법입니다. 이는 아인슈타인이 '인간의 위대한 발명이며, 세계 8대 불가사의'라고 말한 '복리의 마술' 때문입니다. 저축에 대한 이자에 이자가 붙고, 투자수익에 투자수익이 계속 붙어가기 때문에 재무활동이 5년, 10년을 넘어갈 수록 자산은 기하급수적으로 늘어납니다. 그런 장기적인 이익을 위해서 무조건 일찍 시작해야 하는 것입니다.

지금 혹시 40대 후반인 사람이 큰 재무적 성과 없이 이미 많은 시간을 보냈다고 생각한다면 지나간 과거에 대해서는 한탄해 보아야 소용이 없습니다. '인생 100세 시대'입니다. 60세는 인생의 3분의 2도 안 되었고, 50세는 이제 겨우 인생의 중간에 이른 것이라고 합니다. 이제 우리가 지나간 것은 후회하지 말고 앞으로 무엇을 할 것인가 고민해야 할 때입니다. 자, 무엇을 시작할 건가요?

눈 굴리기 ···

나는 네게 말해주었다. 처음 손에 뭉친 작은 눈을 굴려 크게 만드는 일은 생각보다 쉽지 않게 느껴지는 법이라고. 처음에는 어렵고 힘들지만 참고 인내하며 작은 눈 뭉치를 굴려나가다 보면 어느 순간엔가 눈이 크게 들러붙는 때가 오는 법이라고.

— 전용석, 〈마지막 시작〉 중에서

'천 리 길도 한 걸음부터', '0에서 1까지 거리가 1에서 천까지 거리보다 멀다'는 속담이 생각납니다. 눈사람을 만들기 위해서는 가장 먼저 눈 굴리기를 시작해야 합니다. 포기하지 않고 계속 굴리다 보면 정말 큰 눈사람도 만들 수 있게 됩니다. 어릴 적에 큰 눈사람을 만들기 위해 연탄재를 넣고 굴리기도 했습니다. 어떤 기초를 가지고 출발한다면 목표를 쉽게 빨리 이룰 수도 있겠지요. 하지만 한 가지 잊지 말아야 할 것은 반드시 눈이 쌓였을 때 굴려야 한다는 것입니다.

정보의 홍수 때문일까요? 요즘 사람들은 눈이 뭉쳐지지도 않았는데 굴리려고만 합니다. 특히 종자돈 없이 재테크하려는 사람이 많습니다. 재테크도 눈굴리기와 같습니다. 어느 정도 일정한 양이 뭉쳐져야 스스로 구르고 커집니다. 그전까지는 참고 인내하고 뭉치기만 해야 합니다. 조금 뭉쳐졌다가 부서지더라도 다시 뭉쳐야 합니다. 그래야만 눈 굴리기에 성공할 수 있습니다.

일을 재발견하라 · · ·

우리 사회는 힘들게 노력하고 일하는 것을 너무나 중요하게 여기기 때문에, 즐 겁거나 편안한 일을 선택할 때면 스스로를 게으르게 느끼거나 중요한 것을 회피 하고 있지는 않은지 생각한다. 어떤 일이 너무 쉽게 이루어지면 우리는 의심을 한 다. 답이 너무나 뻔해 보이는 질문을 받았을 때처럼 뭔가 함정이 숨어 있는 것은 아닌가 생각하는 것이다. '이거 속임수 아니야?'

— 마크 고울스톤 · 필립 골드버그, 〈지금 당장 버려라〉 중에서

쉽게 할 수 있는 일보다 힘들고 어려운 일이 진정한 일입니다. 하지만 어떤 일이 쉬우냐 어려우냐는 중요하지 않습니다. 중요한 것은 그 일을 좋아하느냐 좋 아하지 않느냐 입니다. 좋아하는 일을 한다면 쉬울 때나 어려울 때나 열정을 가지 고 할 수 있습니다. 또한 장애물이 나타나도 포기하지 않고 이겨낼 수 있습니다.

생의 어느 시기에는 하기 싫은 일, 좋아하지 않는 일을 할 수도 있습니다. 이전 의 성장과정이나 학업 등에 의해 선택할 수밖에 없었던 일일 수 있습니다. 또한 생계유지나 가족생활 때문에 불가피한 경우도 많습니다. 하지만 이런 시기만 지 난다면 자기가 진정으로 좋아하고 열정을 가지고 할 수 있는 일을 찾아 볼 수 있 을 것입니다.

나를 기다려라 · · ·

우리의 삶이 연회에 참석한 것과 같다고 생각하십시오. 그대 앞에 막 음식이 놓였다고 합시다. 점잖게 손을 뻗어 적당한 양만을 덜어야 하겠지요. 음식이 그대 앞에 놓이지 않은 채 그대로 지나가더라도 그것을 집으려고 안달하지 말고, 아직 그대에게 차례가 오지 않았다고 생각하십시오. 오지 않은 음식을 향해 욕심을 내지 말고, 음식이 그대 앞에 놓일 때까지 기다리십시오.

— 에픽테토스, 〈자유와 행복에 이르는 삶의 기술〉 중에서

인생에 있어서 자신에게 좋은 때를 알아야 합니다. 문제는 그게 언제인가입니다. 역학에서는 10년마다 대운이 든다고 하여 그 시점부터 사람의 운이 변한다고 합니다. 그리고 본인도 모르게 일정 궤도에 오르게 된다고 합니다. 이를 제대로 알고 자신이 잘할 수 있는 분야를 선택한다면 큰 성공을 이룰 수 있겠지요.

혹시 자신에게 대운이 든 때는 지나친 것은 아닌지 걱정되나요? 앞으로 몇 년을 더 기다려야 할지 몰라 막막하지요? 이는 역학에서의 이야기일 뿐 자신의 때는 자신이 만드는 것입니다. 항상 준비된 자세로 자신을 단련하고, 자신만의 길을 찾아 매진해보세요. 그리고 기회를 볼 수 있는 밝은 눈을 가지세요. 아무리 작은 기회라도 증폭시켜 크게 만들 수 있게 됩니다.

나의 몫 ···

산에 오르면서 제일 먼저 떠오르는 생각은 자기 몫의 산행은 자기가 해야 한다는 사실이다. 자기 몫을 아무도 대신해 주지 않기 때문이다. 누가 대신 가줄 수도 없고 업어다 주지도 않는다. 그래서 피곤해도 일어서야 한다. 힘들어도 가야만 한다. 천 리 길이 한 걸음에서 시작되듯 만 리 길도 한 발 한 발 걷는 결과일 뿐이므로. 인생길도 무엇이 다르겠는가.

— 서재경, 〈산을 오르듯 나를 경영하라〉 중에서

세상은 내가 사는 것입니다. 하지만 안타깝게도 남의 손에 나의 삶을 쥐어 주는 사람들이 많습니다. 하지만 그들은 남이 시키는 대로 일하고 남이 하는 것을 그대로 따라 하기만 하는 이들입니다. 그렇게 하는 것이 어렵지 않고 속 편하다고 생각하기 때문입니다. 그리고 그대로 굳어져 습성이 되어버립니다. 남에게 의지하는 삶이 되어버리는 것입니다. 문제는 그렇게 스스로를 내어주고서도 더 많은 불평과 불만 속에서 산다는 것입니다.

자유를 잃은 삶은 불행합니다. 스스로 포기한다면 더 불행한 일입니다. 힘이 들더라도 나의 인생은 나의 자유로 살아야 합니다. 산은 나의 의지로 나의 힘으로 올라야 합니다. 남이 정상까지 데려다 주는 것도 아닙니다. 그렇다 한들 무슨 보람이 있겠습니까? 단지 혼자 힘으로 올라야 할 산이라도 나를 격려하고 위로해 줄 동반자가 있다면 힘은 좀 덜 들 것입니다. 하지만 혼자 오르든 같이 오르든 산은 올라야 합니다. 오르기를 멈추는 순간 우리는 내려갈 것이기 때문입니다.

나를 리셋하라 · · ·

사람에게는 선택할 수 있는 것과 없는 것이 있다. 성별이나 부모, 유전자는 선택 가능한 것이 아니다. 그러나 우리는 그 밖의 많은 것을 선택할 수 있다. 심지어 국적마저도 바꿀 수 있다. 그러나 변화하려는 사람은 많지 않다. 현재에 만족하거나, 상황이 모호하거나, 귀찮거나, 용기가 없어서이다. 하지만 당신이 이곳에서 행복하지 않다는 생각이 확실하다면 다른 선택을 해야 한다.

— 김진혁, 〈행복해지는 법〉 중에서

반복되는 생각과 행동을 하게 되면 우리의 뇌에도 일종의 길이라는 것이 생깁니다. 이 길을 따라 걸으면 편안하고 안정감을 느낄 수 있습니다. 그리고 약간의 불만이 있더라도 익숙해지면 그 길을 계속 다니게 됩니다. 이 길을 벗어나는 것을 막는 것은 두려움입니다. 우리 뇌 구조상 그 부분이 강해서 두려움을 떨쳐버리는 것은 매우 어렵습니다. 그렇기 때문에 변화를 선택하는 사람이 적습니다.

과감한 결심과 용기가 없었다면 올해도 지난해와 별반 달라진 것 없이 인생이 지나갑니다. 지난해가 불만족스러웠다면 올해는 달라져야겠지요. 지난해에 만든 길을 지워버리고 새 길을 내야 합니다. 그러기 위해서는 전자기기에 있는 초기화 기능인 '리셋reset'처럼 과감하게 자기를 '리셋' 해야만 합니다.

나를 인내하라 · · ·

산에서 사람들은 무엇을 배우는가? 그것의 첫째는 아마도 인내요, 둘째는 겸손이리라. 인내 없이는 산에 오를 수 없고, 인내 없이는 산행을 계속할 수 없으며, 인내 없이는 산행을 끝낼 수 없다. 산에 가서 겸손하지 않으면 사고를 당하기 십상이다. 겸손 없이는 산을 안전하게 오를 수도, 내려올 수도 없다.

— 서재경, 〈산을 오르듯 나를 경영하라〉 중에서

적자생존은 환경에 적응한 종種이 살아남는다는 것입니다. 그러나 환경에 적응한다고 해서 모두 살아남는 것은 아닙니다. '살아남은 종이 적응한 것이다' 라면 어떻습니까? 살아남은 종은 온갖 어렵고 모진 자연환경을 끝까지 견뎌낸 것입니다. 자연과 싸워 이기려 한다면 대부분 실패하고, 곧 죽음을 의미하는 것입니다. 자연 앞에서는 스스로를 낮춰 순응하는 것이 중요합니다.

사람도 생존경쟁에서 살아남기 위해서는 인내가 필요합니다. 경쟁에서 이기려면 처칠의 말처럼 절대로 절대로 절대로 포기하지 말아야 합니다. 또한 경쟁을 넘어 높은 곳에 오르려면 스스로 낮아져야 합니다. 거만하게 튀어 오르는 사람은 경쟁에서 집중 공격의 대상이 됩니다. 겸손한 태도는 높은 곳에서 내려올 때에도 필요합니다. 높은 곳에 항상 머무를 수는 없으니 스스로 내려올 때를 생각해야 하는 것입니다. 오래 참고 나를 낮추는 덕을 쌓는다면 높은 곳을 잘 오르고 적당한 때에 잘 내려올 수 있을 것입니다.

현실 재창조 · · ·

고통과 괴로움은 자신이 처한 상황이 아니라, 상황에 대해 자신이 어떤 생각을 갖고 있느냐에 달려 있다. 다시 말하면 우리의 생각이야말로 고통의 근원이다. (중략) 만일 자신이 선택하고 만들어낸 인식과 해석 때문에 기분이 좋지 않다면, 그걸 바꾸면 된다.

— 소니아 리코티, 〈언씽커블〉 중에서

직장에서 상사가 직원들에서 쓴소리를 할 때 사람마다 반응이 제각각 입니다. 스트레스를 많이 받는 사람이 있고, 금방 밝은 기분을 되찾는 사람이 있습니다. 외부의 상황과 자신의 감정을 동일하게 맞추느냐 아니면 외부의 상황과 상관없이 자신의 감정을 긍정적으로 유지하느냐의 차이입니다. 부정적인 상황에서도 이유 없이 행복한 사람들을 연구한 결과, 그들은 항상 외부 상황을 긍정적으로 받아 들이는 습관이 있었습니다.

말로는 쉽지만 현실적으로는 어렵겠지요. 하지만 고통스러운 상황에서 의도적으로 마음속에서 현실을 바꾸어 보는 연습을 시작해 보세요. 부정적인 상황이라고 곧바로 부정적인 감정에 휩쓸리지 말고 잠시 긍정적으로 재창조해 보는 것입니다. 잊지 마세요. 먹구름 위에는 태양이 빛나고 있습니다. 우리의 마음속에서도!

100년을 준비하라 · · ·

너무 바빠서 책을 읽지 못한다고 사람들은 말한다. 하지만 이 말은 틀렸다. 너무 바빠서 책을 읽지 못하는 게 아니라 너무 바쁘기 때문에 책을 읽어야 한다. 바쁘다는 이유로 책을 읽지 않는 사람은 생각할 시간을 잃어버린 사람이다. 생각을 하지 않기 때문에 일을 할 때마다 시간이 많이 걸리고 생산성이 떨어진다.

— 윤성화, 〈1만 페이지 독서력〉 중에서

사람들은 보통 97%의 삶을 매일 반복합니다. 3%만이 어제와 다른 내용의 삶인 것입니다. 이것은 의도적인 것이 아닌 경우가 대부분입니다. 아무 생각이 없다면 그저 그런 매일의 일상을 반복하며 사는 것이 인생입니다. 이것이 꼭 나쁜 것은 아니지만 나이가 들면서 똑같은 경험만 쌓이는 삶은 발전적이지 않습니다. 생각을 시작으로 '생각이 변하면 태도가 변하고, 태도가 변하면 행동이 변하고, 행동이 변하면 습관이 변하고, 습관이 변하면 운명이 변하는 것'입니다.

독서讀書의 묘미는 '책 속의 길을 따라 걸으며 생각하는 것'입니다. 생각을 하기 위해 책을 읽는 것인데 너무 생각이 많아지는 것도 문제가 됩니다. 영화 '아바타'에 '때론 단 하나의 결정이 운명을 좌우한다'라는 주인공의 독백이 나옵니다. 10년 동안에 1년에 100권씩 약 1천여 권의 독서를 하면 앞으로 100년을 살아갈 예지력, 직관력, 판단력을 얻을 수 있습니다. 책 속을 거닐며 사색을 즐겨보세요. 그 결정이 여러분의 운명이 될 것입니다.

가족에 미쳐라 · · ·

하나의 가족… 두 사람이 만나서 씨를 뿌리고, 사랑으로 영양분을 주고, 눈물로 물을 주고, 그래서 18년이나 20년이라는 세월이 흐른 후, 그 동안 두 사람이 열심히 걸어온 그 길을, 이제는 스스로 걸어갈 수 있을 만큼 성숙한 인간으로 자란 아이들, 내게 있어 그만큼 중요한 일이 과연 무엇이 또 있을까?

— 에마 봄베크, 〈가족에 미쳐라〉 중에서

평범한 사람이 이 세상을 떠날 때 남길 수 있는 위대한 유산이 과연 무엇일까요? 아마도 자녀들이 아닐까 생각합니다. 인류가 발전하고 세대를 이어갈 수 있는 것은 바로 새 생명의 탄생 때문입니다. 아무리 문명을 발전시켜도 사람이 없다면 그 순간 모든 것은 끝나 버릴 것입니다. 신의 위대한 창조물을 우리의 몸을 빌어 세상에 보내어진 소중한 생명. 그것을 진정한 인간으로 훌륭히 성장시키는 것이 이 세상에서 부모의 역할이라고 생각합니다.

이런 가족의 탄생을 도와준 모든 이에게 감사해야 합니다. 가족이 건강하게 성장하게 해주는 최고의 영양분은 사랑입니다. 우리 가족을 최우선순위로 삼고 있고, 그때가 언제이든 만일의 경우까지 대비하는 것이 중요합니다. 가장이 꾸준히 할 수 있는 노력 중의 하나가 만일의 위험에 대비하여 보험 같은 것을 꼭 준비하는 것입니다. 눈에 보이는 가족 사랑의 실천이라고 할까요? 여러분이 실천하고 있는 가족 사랑은 무엇인가요?

점진적 성공 · · ·

성공이란, '가치 있는 꿈을 점진적으로 실현시키는 것'이라고 할 수 있습니다. 따라서 미리 정해놓은 목표를 위해 일하고 자신이 어디를 향해 가고 있는지를 분명히 알고 있다면 반드시 자신이 원하는 것을 이루게 될 것입니다.

— 얼 나이팅게일, 〈가장 낯선 비밀〉 중에서

성공의 정의에서 가장 중요한 것 중의 하나가 점진적으로 일어난다는 것입니다. 그리고 바로 이것이 실패하는 사람들이 착각하는 부분입니다. 쉽고 빠르게 성공하려 하는 사람은 실패하게 마련입니다. 그것이 사실이 아니라면 세상은 성공한 사람들로 넘쳐날 것입니다. 하지만 성공은 하루아침에 이루어지는 것이 아닙니다. 하다못해 요행이라고 하는 로또복권의 1등도 몇 년을 꾸준히 구입한 사람이 당첨되었다는 통계가 있습니다.

"어느 날 일어나 보니 스타가 되어 있었다."는 인기스타가 된 연예인들이 자주 하는 말입니다. 시청자들은 하룻밤 사이에 스타가 만들어졌다고 생각할 수 있습니다. 하지만 어떤 스타도 혹독한 단련의 세월을 겪지 않은 사람은 없습니다. 우리는 단지 그들이 지나온 세월을 못 봤을 뿐입니다. 타고난 천재도 99%의 땀이 없으면 아무것도 이룰 수 없습니다. 자신의 분야에서 별이 되고 싶나요? 별들에게 물어보세요. "넌 빛나기 위해 무엇을 닦았니?"

라이프플랜 · · ·

재무설계는 문자 그대로 '내 일생의 재산을 관리하기 위한 장기적인 청사진'을 작성함으로써 삶의 각 단계에서 합리적이고 효율적인 재테크를 실천할 수 있게끔 주춧돌을 확립하는 일을 뜻한다. 재무설계의 과정도 없이 무작정 재테크를 하고 자산을 늘리겠다고 나서는 것은, 마치 이야기도/배우도/무대장치도 계획하지 않은 채 연극이나 뮤지컬을 무대에 올리겠다고 덤비는 것이나 똑 같은 노릇이다.

— 이광배, 〈위기돌파 재테크 독하게 하라〉 중에서

재테크는 소중한 나의 재산을 관리하고 늘리겠다는 목표로 시작하는 것입니다. 하지만 우선은 기술적으로 운용할 정도의 기초 자산이 있어야 합니다. 그 시작 자산(가령 종자돈)을 모으는 것은 재테크가 아닙니다. 일정 금액이 모일 때까지 절대 잃어서는 안 되기 때문에 다른 기술은 필요 없습니다. 정기적인 저축을 하는 것이 가장 좋습니다. 일반인들은 개인 재무설계의 시작조차 제대로 알고 있지 못하기 때문에 소중한 자산을 잃는 경우가 많습니다.

그렇다고 어설프게 재무설계를 직접 배워 나서는 것도 위험합니다. '진료는 의사에게 약은 약사에게'라고 했습니다. 우리가 약간의 지식을 얻는다고 해도 전문적인 진료는 할 수 없습니다. 마찬가지로 재무설계는 고도의 전문지식과 기술을 요하는 작업이므로 자기가 직접 배워서 하거나 주변의 아마추어의 말을 들어서는 위험할 수 있습니다. 의사에게 진료를 받듯이 재무설계 전문가에게 도움을 받는 것이 가장 좋습니다.

백만장자 마인드 · · ·

1. 백만장자들은 지출할 때마다 신중히 생각한다.
2. 백만장자들은 소비가 주는 찰나의 기쁨에 연연하지 않는다.
3. 백만장자들은 소비와 행복을 동일시하지 않는다.
4. 백만장자들은 자신의 부를 흔들림 없이 지킨다.

— 리처드 폴 에반그스, 〈나의 백만장자 아저씨〉 중에서

백만장자가 되고 싶지 않다면 반대로 하면 됩니다. '돈을 쓸 때 지금 꼭 써야 할까 고민하지 않는다', '지금 소비하고 당장의 기쁨을 얻는다', '소비를 통해 행복을 느낀다', '진정 지켜야 할 것을 생각하지 않는다'입니다. 그러고 보니 사소하게 생각하고 아무렇지도 않게 행하는 일들이 모두 부자가 되는 반대 방법입니다.

부자가 된 사람들에 대한 흔한 편견이 '일확천금'입니다. 하지만 그런 사람들은 그런 부를 오래 지키지 못합니다. 쉽게 들어온 돈이 쉽게 나가는 법이니까요. 진짜 부자는 처음에는 차근차근 저축으로 돈을 모은 사람들입니다. 그리고 그 돈을 잘 굴려 큰 돈을 만든 것인데 그 과정에서 중요한 것이 바로 위의 네 가지 마인드입니다. 반대로 돈을 쉽게 쓰는 것이 바로 돈을 잃는다는 것은 자명한 사실이 아닐까요?

10강 - 다시 시작하기

0 에서 1 되기 · · ·

많은 사람들이 1천을 구하는 나머지 하나를 경시하고 결국은 하나도 얻지 못하는 경우가 많다. 1천을 필요로 하는 당신은 1을 소중히 하지 않으면 절대 1천을 구할 수 없다. 하나를 만들기 위해서는 꾸준히 참는 인내력이 필요하다. 무에서부터 하나를 만들고 하나를 얻었을 때의 그 소중함을 배우게 되면 1천을 만드는 일은 생각보다 쉬울 것이다.

— 마빈 토케이어, 〈몸을 굽히면 진리를 줍는다〉 중에서

무에서부터 하나를 만드는 것이 하나로부터 1천을 만들어내는 것보다 어렵다는 것입니다. '천 리 길도 한 걸음부터'라는 익숙한 속담처럼 한 걸음 내딛지 않는다면 어떤 길도 갈 수 없습니다. 원대한 목표를 달성하는 가장 좋은 길은 그것을 달성하기 쉬운 아주 작은 여러 개의 목표로 나누고 하나하나 실행해 나가는 것입니다. 목표가 크다고 큰일부터 하려 하면 두려움이 앞서 그 일을 시작조차 하기 어렵기 때문입니다.

어떤 이는 '작심삼일'이라고 하지만 다른 이는 '시작이 반'이라고도 합니다. 언젠가 다시 할 수 있습니다. 하지만 누구나 시작조차 해보지 못한 일들이 많이 있을 것입니다. 평균수명이 길어져 오래 살 것을 기대하지만 한 가지도 제대로 시작하지 못하고 이루지 못한다면 100년도 짧은 인생일 뿐입니다. 반드시 많은 성취를 해야 훌륭한 인생이라고 할 수 있는 것은 아니지만 그래도 1은 만들어보아야 1천 한 번 만들어볼 희망이 있지 않을까요?

나만의 블루오션 · · ·

새로운 기회와 가능성은 다른 사람이 하지 않는 곳에 있었다.
많이 보면 좋은 전략이 나오고, 외고를 보면 최고의 전략이 나온다.
다름에 미쳐라, 보이는 것을 차별화 하라, 열정으로 호흡하라.

— 박찬원, 〈당신이 만들면 다릅니다〉 중에서

사회적으로 성공하려면 자기가 좋아하는 일, 즐거운 일을 해야 한다고 합니다. 문제는 우리가 그런 일을 찾지 못할 때 발생합니다. 보통은 남들이 많이 하는 일, 인기 있고 돈벌이가 되는 일을 좇게 마련입니다. 그런데 그 일들이 나와 맞지 않는 것이 대부분 입니다. 그렇지 않다면 우리 모두가 성공할 수 있을 것입니다. 성공한 사람은 남이 하기 싫어하는 일, 아무도 하지 않은 일을 해낸 사람입니다.

지금 여러분이 사회적으로 발전하고 있지 않고 제자리걸음을 하고 있다고 생각하세요? 그렇다면 나의 일을 반성해 보세요. 하기 싫은 일을 억지로 하고 있는지. 일을 하면서 계속해서 같은 방식으로만 하고 있지는 않은지. 누구나 할 수 있는 일을 하고 있지 않은지. 남이 하지 않는 일, 남이 따라오지 못할 일을 찾아서 하세요. 그것이 바로 나만 혼자서 누릴 수 있는 블루오션입니다.

불행 피하기 · · ·

우리를 진정으로 불행하게 하는 것은 삶의 현실에서 벗어나려는 노력, 고통을
피해 행복을 추구하는 노력, 언제나 안전하고 행복할 수 있다는 우리의 믿음인 겁
니다.

— 페마 쵸드론, 〈마음을 열고 평화롭게〉 중에서

우리가 처한 현실을 인정하지 못하는 것, 자기의 참 모습을 바로 보지 못하
는 것이 진정한 불행입니다. 외부의 세상은 우리의 뜻대로 움직이지 않습니다.
아무리 나빠도 아무리 좋아도 그것을 우리가 바꿀 수는 없습니다. 그리고 그 현
실을 피할 수도 없습니다. 그보다는 세상을 있는 그대로 바라보고 그 안에 있는
것들을 제대로 볼 수 있는 안목을 키우세요. 그러면 그 안에 우리가 원하는 것이
함께 들어 있음을 알게 될 것입니다.

현실과 우리의 생각이 항상 일치하지는 않습니다. 불행 속에도 행복이 숨어 있
고, 행복 속에도 불행이 숨어 있습니다. 따라서 우리가 고통을 피해 늘 행복하기
만을 원한다면 그 행복은 영원히 찾을 수 없을 것입니다. 오히려 불행 중에는 행
복을 생각하고, 행복 중에는 불행을 생각하는 자세가 삶의 지혜가 아닐까요? 새
옹지마塞翁之馬의 지혜를 잡으세요. '참 행복'이 손안에 들어올 것입니다.

하지 못한 일 하기 · · ·

아마도 확실한 한 가지 사실은 그 사람의 인생 바구니 안에는 여전히 마무리 짓지 못한 일들이 남아 있다는 것이지요.

진실은, 아무도 우리가 얼마나 살 것인지를 모른다는 것입니다. 그러나 슬프게도, 우리 인간은 마치 영원히 살 것처럼 행동하고 있습니다. 우리는 마음 깊은 곳에서 하고 싶어 하는 일들을 계속 미루고 있습니다.

— 리처드 칼슨, 〈사소한 것에 목숨 걸지 마라〉 중에서

우리가 매일 하는 행동은 대부분이 반복적으로 이루어진다고 합니다. 일련의 행동들이 하나의 습관이 된 것입니다. 그런 습관의 무서운 해악은 변하는 것을 싫어해서 새로운 것을 못하도록 막는다는 것입니다. 습관이란 마음에 만들어진 강력한 근육과도 같아 한 번 만들어 굳혀지면 새로운 근육을 다시 만들기가 힘들어집니다.

그렇지만 고통이 따르더라도 새로운 근육은 계속해서 만들어가야 합니다. 늘 하던 것, 편한 것, 습관적인 것을 하다 보면 진정 지금 이 순간이 아니면 할 수 없는 일들을 놓치게 되기 때문입니다. 지금 미루고 있는 일이 있나요? 망설이지 말고, 주저하지 마세요. 내일의 태양은 깨어나는 사람에게만 떠오릅니다.

운명의 짐 벗기 · · ·

인간의 육체는 압력이 없으면 파열된다. 그와 똑같이 인간의 정신도 고뇌하는 압력이 없어지면 파괴된다. 배가 항해하려면 압력을 가하는 물체가 필요한 것처럼 인간에게도 육체나 정신에 고뇌라는 압력이 반드시 필요한 법이다.

따라서 인간에게는 노동과 가난과 정신적 가책이나 고뇌 같은 가압 장치들이 함께 따라다녀야 한다. 그렇다면 우리가 그토록 벗어버리고 싶은 것들은 사실상 운명처럼 짊어져야 살 수 있다는 결론을 얻을 수가 있다.

— 쇼펜하우어, 〈사랑은 없다〉 중에서

운명의 짐은 일시적인 긴장이나 스트레스를 말하는 것이 아닙니다. 쉽게 벗어나기 힘든 멍에 같은 짐을 말합니다. 그 짐은 우리를 약하게 만들어 파멸시킬 수도 있고, 우리를 강하게 단련시켜 성장시킬 수도 있습니다. 그것은 전적으로 우리가 자신의 짐을 어떻게 생각하느냐에 달려 있습니다. 그 짐을 나의 운명으로 받아들이고 나를 단련시키는 좋은 것이라고 생각할 때 가볍게 짊어지고 살아갈 수 있습니다.

여러분은 지금 어떤 짐을 지고 있나요? 하지만 그 짐이 어떤 짐이든지 항상 지고 있지는 않을 겁니다. 잠시 내려 놓을 수도 있고, 주변 사람들이 함께 들어주기도 합니다. 다양한 분야에 성취한 사람들은 그 비밀을 알기 때문에 더 큰 힘으로, 지금의 짐을 가볍게 질 수 있는 것입니다.

리더의 도 · · ·

금이나 은은 남에게서 빌릴 수도 있지만 사람은 갑자기 모을 수가 없으므로 미리미리 사람을 친근하게 거느리고 있지 않으면 안 된다. 사람을 거느린다는 것은 자기 혼자만 먹어서는 안 되며 한 그릇의 밥이라도 나누어 부하에게 먹인다면 따라오게 마련이다.

— 야마모토 쓰네토모, 〈하가쿠레〉 중에서

일본의 무사시대에는 주군과 신하의 관계에서도 일방적인 상하관계로는 질서가 유지되기 어려웠습니다. 위로부터 아래로의 베풂과 나눔이 있을 때 진정한 충성이 이루어지고 부하들이 목숨 바쳐 따랐습니다. 전쟁이 끝난 후에 공을 나눌 때도 공정해야 했고, 어려울 때는 그야말로 콩 하나라도 반을 쪼개어 나눠 먹어야 사람이 따랐습니다.

현대의 직장생활에서는 상사와 부하직원 사이에 좋은 일이든 나쁜 일이든 함께 나누어야 사람들이 따릅니다. 상사라고 일의 성과에 따르는 공을 독차지하거나 남의 성과를 나의 것으로 만들려고 한다면 부하직원들이 따르지 않습니다. 이제는 베풂을 넘어 섬김의 시대입니다. 나를 높이면 낮아지고 나를 낮추면 높아질 수 있습니다. 지금 나의 높이는 얼마쯤일까요?

영혼의 눈 밝히기 · · ·

육신과 영혼은 늘 숨바꼭질 한다. 육신이 눈을 뜨면 영혼이 잠들고, 영혼이 눈을 뜨면 육신이 잠든다. 그래서 돈과 권력, 명예 등 육신의 욕망에 집착하면 영혼이 눈멀고, 영혼의 실체를 깨달으면 그런 욕망에서 저절로 멀어진다.

— 김상운, 〈왓칭 WATCHING〉 중에서

우리는 육신과 영혼을 함께 가지고 있습니다. 둘이 함께 있기 때문에 그들의 지배를 모두 받을 수밖에 없지만 동시에 그럴 수는 없습니다. 그렇다고 그들이 정확하게 균형을 맞추는 것도 아닙니다. 우리가 짐승이라면 오로지 육신의 지배를 받을 것이요, 성인이라면 오로지 영혼의 지배만을 받을 것입니다. 안타깝지만 우리는 그 사이를 어중간하게 떠돌고 있습니다.

정신적인 깨달음이 있어도 육체의 욕망을 멀리하기는 어렵습니다. 이 세상을 사는 동안에 육신의 지배에서 벗어나는 것은 몇몇 성인에게나 가능한 일이었습니다. 하지만 우리가 영혼에 집중한다면 좀 더 영적인 삶을 살 수 있습니다. 그러면 영혼에 집중한다는 것은 무엇일까요? 그것은 나의 실체를 있는 그대로 바라보고 여러 모습 중에 영적인 면을 더 많이 바라보는 것입니다. 그러면 관심을 덜 기울인 육신의 욕망은 점점 더 힘을 잃게 될 것입니다.

책의 우정 · · ·

좋은 책은 좋은 친구가 될 수 있다. 그것은 과거에도 그랬고 지금도 그러하며 앞으로도 변하지 않을 것이다. 좋은 책은 참을성 있고 기분 좋은 친구이다. 좋은 책은 어렵고 힘들 때도 등을 돌리지 않는다. 좋은 책은 항상 친절하게 반긴다. 젊어서는 즐거움과 가르침을 주고, 늙어서는 위로와 위안을 준다.

— 새무얼 스마일즈, 〈인격론〉 중에서

책을 읽는 기쁨 중의 하나는 많은 친구가 생긴다는 것입니다. 현실세계에서 친구가 될 수 없는 사람들과도 책에서는 친구가 될 수 있습니다. 아주 오랜 옛날부터 현대, 외국 사람들에 이르기까지, 만나고자 하는 마음만 먹으면 됩니다. 그리고 그들의 책을 통해 정신적인 교감을 나누면 됩니다. 그들은 우리에게 가르침을 전합니다. 좋은 이야기를 들려줍니다. 그래서 우리가 그들을 좋아하게 되고 점점 더 빠져들게 됩니다.

책과 친구가 되고 그 책의 작가와 친구가 되어 교감을 하고 우정을 나누세요. 우리가 그들에게 해 줄 것은 없지만 마음으로 감사하고 변하는 것으로 충분합니다. 그리고 우리가 배운 것을 다른 사람들에게 나누어줄 수 있습니다. 그로 인해 새로운 친구를 만들 수도 있습니다. 진정한 친구가 곁에 있나요? 책 친구는 어떤가요? 언제 어디서나 친구가 되어주려고 기다리고 있습니다.

주어진 배역 · · ·

그대는 다만 작가의 의도대로 연극 속에 등장하는 배우에 불과하다는 것을 명심하십시오, 작가가 단막극을 쓰면 짧은 생을 사는 것이고, 장막극을 쓰면 조금 오래 사는 것입니다.

가난뱅이 역을 맡으라고 하면 기꺼이 그 역할을 잘할 수 있도록 노력하십시오. 절름발이, 지도자, 혹은 평범한 시민의 역할을 줄 수도 있겠지요. 그대가 할 일은 주어진 배역을 온 힘을 다해 연기하는 것입니다. 배역을 선택하는 것은 우리가 할 수 있는 일이 아닙니다.

— 에픽테토스, 〈자유와 행복에 이르는 삶의 기술〉 중에서

신의 존재와 운명론을 믿지 않더라도 세상에서 자신의 배역이 있다는 것에는 공감하리라 믿습니다. 문제는 그것이 무엇인가 하는 것인데요. 어느 누구도 한 가지 잘할 수 있는 배역이 있습니다. 그것을 찾으세요. 무대 위 역할 비중과는 상관없이 자신의 배역을 충실히 연기한다면 무대에서 내려올 때 박수를 받을 수 있을 것입니다.

요즘 연극이 끝나지도 않았는데 스스로 무대를 내려오려는 배우가 많아 안타깝습니다. 몸은 나쁜 것을 접할 때 힘이 빠지고, 좋은 것을 접할 때 기운이 솟는다고 합니다. 정신도 마찬가지입니다. 좋은 생각을 많이 하고, 어두운 생각에 집착하지 않도록 스스로를 단련하세요. 우리에게 주어진 배역은 끝까지 연기해야 할 의무가 있습니다.

자신의 길을 체크하라 ···

넓은 길은 누구나 가는 길이다. 당신은 당신의 고유한 길을 찾아내야 한다. 그렇게 하기 위해서는 다른 사람들의 눈치를 살피는 것으로는 족하지 않다. 당신의 길이 무엇인가에 대해 섬세히 고찰하고 귀를 기울여야 한다. 그 길을 발견하면 비록 그 길에서 심한 외로움을 느끼는 경우가 있더라도 용기를 내어 걸어갈 결단을 내려야 한다. 당신의 고유한 길만이 당신을 성장하게 하고 참된 삶으로 인도할 것이다.

— 안셀름 그륀, 〈행복한 선물〉 중에서

대로에는 많은 사람들이 같은 길을 가고 있습니다. 목적지가 같기도 하고 다르기도 하지만 함께 가고 있습니다. 간혹 그 길에서 벗어난 사람들도 있습니다. 다른 방향으로 가는 사람, 아예 다른 길을 누비고 있는 사람, 그리고 그 길을 일찍 먼저 가는 사람. 여러 사람이 다니는 길을 간다고 크게 문제될 것은 없습니다. 크게 성공하지 못해도 실패하지 않을 것이고, 외롭지 않을 것이기 때문입니다.

중요한 것은 그 길이 무슨 길인지 어디로 가는 길인지는 알고 있어야 한다는 것입니다. 그리고 한 번 정도는 혹시 나만의 길이 있지 않을까 고민해봐야 합니다. 내가 누구로 살고 있는지 진지하게 돌이켜보는 것입니다. 나의 본 모습을 모른다면 여러 사람이 다니는 대로에서도 길을 잃을 것입니다. 남이 가는 대로 무심코 따라가다가 어느 날 '이 길이 아니었나봐?'하고 절망합니다. 지금 어느 길을 가고 있나요? 잠시 멈춰서 자신의 길이 맞는지 생각해 보세요. 그 길이 끝났을 때 아무런 후회도 미련도 남지 않아야 하기 때문입니다.

나를 엎드려라 · · ·

당신이 나름대로의 훌륭한 장점과 미덕을 지니고 있다면 사람들은 언젠가 그것을 그들 스스로 찾아낼 것이다. 그러나 만약 당신이 자기 자신에 대해 말을 한다면 그 말을 귀담아듣는 이는 없을 것이다. 자기 자신에 대해 말을 적게 하면 할수록, 세상은 당신을 더욱 높게 평가한다. 그리고 자신에 관해 말이 많으면 많을 수록, 세상은 당신을 믿지 않는다.

— 필립 체스터필드, 〈체스터필드, 최고의 인생〉 중에서

요즘은 자기 PR시대입니다. 퍼스널 브랜드Personal Brand를 알리기 위해 나의 말을 많이 하는 시대입니다. 하지만 나의 입으로 나에 관해서 이야기할 때 상대방은 잘 들으려고 하지 않습니다. 사람들이 좋아하는 것은 남이 자기의 이야기를 해주는 것이고 남이 자기의 이야기를 들어주는 것입니다. 그러니 내가 말을 할 때는 다른 사람을 칭찬하고 다른 사람이 말을 할 때에는 열심히 들어주어야 합니다.

말을 많이 해서 나를 깎아 내리는 것보다 오히려 침묵으로 나를 감출 때 더 큰 힘을 발휘할 수 있습니다. 어떤 사람을 설득해야 하거나 협상을 할 때는 최대한 상대방의 말을 많이 듣는 것이 좋습니다. 상대방의 말을 많이 들을수록 상대방을 더 많이 알 수 있고 그럼으로써 상대방이 진정으로 원하는 것을 찾아낼 수 있습니다. 반대로 내가 말이 많을수록 상대방이 나를 많이 알게 해서 결국 약점까지 보여줄 수 있습니다. 나를 낮출수록 더 높아지는 것이 진리입니다. 사람들과 이야기할 때는 바짝 엎드리십시오. 원하는 바를 얻을 수 있을 것입니다.

러너스 하이에 중독되라 •••

알코올이나 니코틴에 중독되면 끊임없이 술과 담배가 주는 즐거움을 갈망하게 된다. 만약 성공에 중독이 되면 어떨까? 한번 맛본 성취감은 더 큰 성공에의 갈망으로 연결될 것이다. 성취감은 어떤 중독 물질보다 더 강력한 즐거움을 준다. 반복되는 성공 체험은 성공에 대한 지속적 갈망과 노력을 유도하며, 이는 더 큰 성공을 이루는 토대가 된다.

— 토머스 해리슨, 〈성공에의 몰입〉 중에서

좋은 중독 중에 달리기 중독이 있습니다. 이것에 중독된 사람은 소위 '러너스 하이runner's high'를 경험한 사람입니다. 오래 달리면 몸의 고통을 완화하기 위해 뇌에서 엔도르핀이 다량 분비되어 사람의 기분을 고양시킵니다. 그 뒤로는 고양된 기분으로 달릴 수 있는 것입니다. 올림픽 마라톤에서 1등을 한 선수가 자기 나라 국기를 들고 트랙을 한 바퀴 더 도는 장면을 볼 수 있습니다. 다음으로 들어오는 선수들은 한결같이 결승선을 통과하고 주저 앉는데 말입니다.

성공자는 모진 고통을 이겨낸 사람입니다. 그 고통의 끝에 매달린 성취감이라는 달콤한 열매를 맛 본 사람입니다. 그리고 그 열매의 맛을 절대로 잊을 수 없는 사람입니다. 그래서 또 다른 일에서 만나는 고통들을 잘 견뎌낼 수 있습니다. 산 정상에 올라가본 사람만이 정상의 희열을 알 수 있습니다. 그래서 힘든 산을 자꾸 올라가는 것입니다. 눈앞에 산이 있나요? 끝까지 올라가 보세요. 그 힘은 다른 산을 정복할 뒷심이 되어줄 것입니다.

상어가 되라 · · ·

"자네는 매일 금붕어가 될지, 상어가 될지를 선택해야 해. 그저 가만히 앉아서 누군가 던져 주는 먹이만을 기다릴지, 아니면 자네 스스로 찾아 나설지를 말이야.
　매일 자네는 자네가 옳다고 믿는 것, 생각하는 것, 그리고 그로 인한 행동까지도 선택해야 해. 하지만 잘 기억해 두게. 어디까지나 결정은 자네 몫이야. 자, 어느 쪽이 될 텐가? 금붕어인가, 상어인가?"

— 존 고든, 〈상어와 금붕어〉 중에서

책에서는 바다에 빠져 엄청난 곤경에 처한 금붕어가 상어를 만나 변화에 대처하는 법을 배워 나가는 과정을 그립니다. 이 글은 처음에 상어가 금붕어에게 던지는 질문입니다. 상어는 금붕어에게 선택을 이야기하지만 사실 금붕어에게는 선택의 여지가 없었습니다. 왜냐하면 바다에서 금붕어로 남는다면 굶어 죽을 수밖에 없었기 때문입니다.

저자는 질문합니다. "당신은 상어입니까, 아니면 금붕어입니까?"
　하지만 우리는 바다에 빠진 금붕어처럼 선택을 강요 받기 전에 먼저 변화를 선택할 수 있습니다. 이제 여러분에게 질문하겠습니다.

"여러분은 상어가 되겠습니까, 아니면 금붕어가 되겠습니까?"

1% 사용하기 ···

다들 일을 그만두고 싶은 49%의 마음과 일을 하고 싶은 51%의 마음이 항상 교차해. 그렇지만 그 1%가 스스로를 잡아주는 힘이 되는 거야.

— 이영석, 〈총각네 야채가게〉 중에서

일을 고되게 하다 보면 아침에 눈을 뜨는 것조차 힘이 들 때가 있습니다. 이때 힘든 몸을 일으켜주는 것이 바로 1% 입니다. 일어나느냐 마느냐를 결정함에 있어 51:49로 일어나는 걸 선택하게 만들어주기 때문입니다. 하고 싶은 마음이 100%가 되어야 어떤 일을 한다면 우리는 아무 일도 하지 못할 것입니다. 그 정도로 열망하는 일이라면 사실 선택의 고민도 없이 바로 행할 것입니다.

사르트르는 "인생은 B^{Birth}와 D^{Death} 사이의 C^{Choice}다."라고 하였습니다. 인생은 선택의 연속입니다. 선택의 순간에는 누구든지 편한 일, 아니면 차라리 아무것도 하지 않는 것을 선택하는 것이 쉽습니다. 그렇기에 성공의 계단을 오르는 사람이 적은 것입니다. 성공의 계단을 끝까지 오르려면 계단 하나하나에 놓인 멈춤 티켓, 오름 티켓 중에 더 힘이 든 오름 티켓을 선택하는 데 1%를 더 써야 합니다. 지금 계단 중간에 멈춰있다면 1% 더 쓰세요, 주저하지 말고 오름 티켓에.

연습 달인 ···

달인은 자기 기술을 더 잘해내려고 그것을 연마하는 것이 아니다. 사실 그들은 연습 자체를 사랑한다. 그리고 이 때문에 더 발전한다. 그리고 더 나아질수록 기본적인 동작을 여러 번 되풀이하는 일 역시 더 즐기게 된다.

— 조지 레오나르드, 〈천 가지 성공에 이르는 단 하나의 길, 달인〉 중에서

한 가지 일을 여러 번 되풀이하는 것은 지루하고 지겹고 고통스러운 일입니다. 하지만 어떤 동작이든 일이든 그것을 계속해서 반복 연습하는 것만이 달인이 되는 길입니다. 사람들의 수천, 수만 번의 발걸음으로 숲 속에 길이 나듯이, 어떤 일을 시작하면 우리의 뇌에 작은 길이 생기고, 그 일을 반복하면 그 길이 튼튼해집니다. 우리의 기억도 어떤 일을 반복할수록 저장소가 견고해져서 잊혀지지 않고 더 잘 떠오르는 것입니다.

달인은 사실 연습의 달인입니다. 연습을 즐기는 사람입니다. 어떤 일을 익히는 과정 자체를 즐기지 못한다면 그 고통을 견뎌내지 못할 것이기 때문입니다. 공부를 잘하는 사람이 공부를 좋아하지 않는다고 하는 것은 모두 거짓말입니다. 좋아하지 않는 일을 억지로 하는 것은 어렵습니다. 그리고 그렇게 한다 해도 성과가 좋을 리 없습니다. 피할 수 없다면 즐겨라. 달인이 되는 길입니다.

쉬어가기 · · ·

나무의 나이테가 우리에게 가르치는 것은
나무는 겨울에도 자란다는 사실입니다.
그리고 겨울에 자란 부분일수록 여름에 자란 부분보다
더 단단하다는 사실입니다.

― 신영복, 〈처음처럼〉 중에서

　　어려움을 견뎌야 하는 고난의 시기는 우리가 진정 내적으로 성숙하는 시기입니다. 이 기간을 잘 견뎌냄으로써 크게 성장할 수 있습니다. 그리고 그 기간을 마무리 짓는 매듭이 있어야 합니다. 나이테를 만들지 못하는 대나무는 대신 마디를 가지고 있습니다. 대나무는 일정한 간격을 두고 마디를 형성합니다. 그 마디 부분에서 잠시 성장이 멈추었다가 다음 마디까지 빠르게 성장합니다. 이 마디 덕분에 대나무는 높고 곧게 자라는 것입니다.

　　사람이 성장만을 좇아 앞으로 달려가기만 한다면 마디는 적어질 것이고 인생은 흔들릴 수 있습니다. 대나무가 마디를 만들기 위해 잠시 쉬듯이, 나무가 겨울에 단단한 나이테를 만들듯이 우리 인생에도 쉼표가 필요합니다. 그러면 우리도 나이를 먹고 성장하면서 단단해지는 부분이 생길 것입니다. 그리고 바로 그 부분으로 인해 우리의 긴 인생을 지탱해 나갈 수 있을 것입니다. 지금 삶에 지쳐있다면 뛰어온 길을 돌아보며 잠시 쉬어가는 건 어떨까요?

다른 회로 · · ·

뇌는 새로운 일에 몰두할 때에는 활발하게 움직이지만 어느 정도 잘하게 되면 완성된 회로로 사고하게 된다. 그러므로 새로운 체험을 하여 뇌에 자극을 주지 않으면 다음 단계에 도달할 수 없다. 그것은 일에서도 마찬가지다. 열심히 하고 있는데도 새로운 아이디어가 전혀 떠오르지 않는 것은 같은 사고회로에 들어가 있기 때문이다. 따라서 전혀 다른 각도에서 사물을 볼 필요가 있다.

— 요네야마 기미히로, 〈일머리를 키워주는 5뇌혁명〉 중에서

늘 가던 길을 가다 보면 익숙해져서 별다른 생각을 안 해도 수월하게 길을 다닐 수 있습니다. 반대로 처음 가는 길이라면 긴장도 하고 주변도 살펴보게 됩니다. 이것저것 생각할 게 많은 것입니다. 일상생활도 97% 정도가 반복되는 일이라고 합니다. 그래서 새로운 3% 외에는 별다른 생각 없이 보내게 되는 것입니다. 그런 습성에서는 3%의 신선한 자극도 별 소용이 없기도 합니다. 뇌가 익숙해져서 새로운 아이디어가 잘 떠오르지 않기 때문입니다.

회사에서는 일부러 비용을 들여 다른 지역이나 해외로 워크숍을 떠나는 경우가 있습니다. 회사라는 일상적인 장소에서 벗어난 새로운 장소에서 뇌에 신선한 자극을 주기 위한 것입니다. 새로운 아이디어를 만들어내기 위한 방책입니다. 여러분도 막히는 일이 있다면 잠시라도 일상에서 벗어나 멀리 떠나 보세요. 사고회로로 닫혔던 뇌가 생기를 되찾아 창조적인 발상은 물론 생활의 활력까지 얻을 수 있을 것입니다.

행복 리턴 · · ·

행복은 추구하면 도망가지만 남에게 주면 돌아온다.

우리 삶의 수많은 가능성 가운데 의미 있는 하나를 발견해내는 것이 바로 행복이며, 하나의 목표를 추구하며 노력하는 데서 행복은 저절로 찾아온다. 즉, 성공은 목적지가 아니라 여정이며, 행복은 무엇을 "얻는 것"이 아니라 "주는 것"이라는 것이다.

— 존 템플턴, 〈존 템플턴의 행복론〉 중에서

행복은 추구하는 것이 아닙니다. 이미 가지고 있는 것이기 때문에 누리면 됩니다. 미국의 한 저자에 의하면 미국 헌법에 명시된 '행복추구권'이 헌법이 제정될 당시 '우리 모두가 행복을 실천할 권리를 가진다'는 의미였다고 합니다. 행복은 찾을 권리가 아니라 누구나 누릴 권리입니다. 그리고 그 권리는 언젠가가 아닌 지금 이 순간 행사할 수 있습니다. 계속 추구만 하고 못 찾으면 불행하게 생을 마감해야 하는데 그것을 권리라고 할 수 있을까요?

행복은 추구하면 할수록 멀어지는 것처럼 보입니다. 하지만 남에게 나누어줄 때 내 것이 되고 더 커집니다. 한 사람의 행복이 여러 사람의 행복이 되고 그것이 또한 우리에게 되돌아 오기 때문입니다. 행복을 주는 순간부터 그 사람의 마음은 또 다른 행복으로 충만해집니다. 지금 행복하지 않다고 느끼시나요? 주변의 다른 사람을 행복하게 해줄 방법을 찾아 보세요. 그리고 작은 일이라도 실천해 보세요. 곧바로 커다란 행복의 리턴을 느낄 수 있을 것입니다.

양면을 살아라 · · ·

"너를 절망에 빠뜨리려고 이 말을 하는 것이 아니라, 인생이란 양지쪽을 걷는가 하면, 때로는 음지쪽도 걸어야 하는 여행이라는 사실을 깨우쳐 주기 위해 이 말을 하는 거란다."

— 조셉 M. 마셜, 〈그래도 계속 가라〉 중에서

삶은 양면적인 여행입니다. 좋은 일도 있고 나쁜 일도 있는 여행입니다. 좋은 일이 있다고 마냥 좋아해서는 안 됩니다. 나쁜 일이 있다고 멈춰 서서도 안 됩니다. 우리에게 필요한 것은 이 양면을 살아내는 것입니다. 모든 것은 지나갑니다. 우리의 인생도 결국은 끝날 것입니다. 세상에 남는 것은 우리의 끝이 아닙니다. 그 여행을 어떻게 했느냐 입니다.

인생의 양면을 보는 사람은 흔들림이 없습니다. 항상 마음의 평온을 유지합니다. 그러나 겉으로는 즐거울 때 더 즐거워하고 슬플 때 더 슬퍼합니다. 이 모든 것이 다 지나가고 또 반복된다는 것을 알기 때문에 그 순간에 충실한 것입니다. 그리고 그 순간에 연연하지 않는 것입니다. 이 모든 것이 끝날 때도 잘 살았다고 웃을 수 있는 것입니다. 그런 사람에게는 어떤 후회도 남지 않을 것이기 때문입니다.

책은 나를 만든다 · · ·

세상살이를 교과서처럼 곧이곧대로 하면 안 된다는 사람들을 간혹 보지만, 나는 그 말에 찬성하지 않는 편이다. 나는 여전히 교과서와 책은 지혜와 행동의 기준을 얻는 데 가장 효과적인 도구라고 생각한다. "우리는 우리가 읽은 것으로 만들어진다"는 독일의 유명한 문호 마틴 발저의 말처럼, 책은 우리 인간이 '어떤' 것을 이루고 '무엇'인가가 되는 데 가장 유익한 길잡이다.

— 안철수, 〈CEO 안철수, 지금 우리에게 필요한 것은〉

책은 시간이 지난 지식입니다. 그래서 원하는 정보를 빠르고 손쉽게 얻을 수 있는 인터넷 시대에는 외면당하기 쉽습니다. 하지만 책 속에서는 지식이 아닌 지혜를 찾아야 합니다. 사람이 사는 길은 예나 지금이나 별로 변함이 없습니다. 변화된 세상에 적응하는 방법은 그때그때 다를 수 있지만 인생의 원칙과 진리는 변하지 않습니다. 그리고 그것은 나보다 먼저 살았던 사람이 터득한 것을 기록해 놓은 책을 통해 얻을 수 있습니다.

많은 사람들이 책 속에서 인생의 답을 찾고 있습니다. 사람들은 지식을 얻기 위해서라기보다 그 지식과 함께 생각을 하고 자신의 문제를 해결하기 위해서 책을 읽습니다. 꼭 문제가 없더라도 인생에 대한 호기심과 탐구심은 독서의 충분한 동기가 되고 있습니다. 인생의 어려움과 직면했나요? 길이 보이지 않나요? "책 속에 길이 있습니다." 그것은 변함없는 없는 진리입니다. 인생의 답을 책 속에서 찾아 보세요. 책은 절대로 당신을 배신하지 않을 것입니다.

11강 - 나를 돌이켜 보기
착각 극복 | 자기 나침반 | 보물의 땅 | 불안 지우기 | 좋은 파트너 | 내어버림 | 자기 수양 |
남의 평가 | 나만의 정상 | 작은 일 반복 | 용서의 자유 | 차이 인정 | 벽을 돌파하라 |
즐기는 여정 | 혼자만의 시간 | 윗자리 오르기 | 패배의 힘 | 내가 내민 손 | 한 가지만 |
슬픈 뉴스 멀리하기

11강 - 나를 돌이켜 보기

착각 극복 · · ·

　당신은 한 번쯤 '영원할 것처럼 잘 나가던 기업이 갑자기 망하는 이유는 무엇일까?' 라는 의문을 가져본 적이 있습니까? 기업이 망하는 데는 여러 가지 이유가 있겠지만, 상당수는 매우 간단한 이유. 즉 '사업의 기회가 열리면 반드시 닫히는 때가 온다' 는 사실을 인식하지 못했기 때문인 경우가 많습니다.이는 사람들의 공통된 '착각' 에서 비롯 되는 것입니다.

— 송진구, 〈극복의 힘, 빅 예스〉 중에서

　인류의 역사가 멈추지 않는 한 실패와 성공은 반복됩니다. 성공하는 사람들이건 기업이건 공통점은 필수적으로 실패를 경험한다는 사실입니다. 그것은 모든 사람과 기업이 그것을 회피하고 싶어도 필연적으로 다가오게 되고, 시련과 고통을 이겨내기만 한다면 오히려 더 강인하고 진취적이 된다는 사실을 보여줍니다.

　시련은 누구에게나 찾아오지만, 그 상황을 어떻게 대처하는가에 따라 성공과 실패가 갈립니다. 그리고 언제나 잘 될 것이라고 믿으면 자신을 더 단단하게 단련시키고 긍정적인 에너지로 살아갈 힘을 줄 것입니다. 지금 우리들 앞에 시련과 실패가 가로 막고 있다면 꼭 필요한 과정이 진행되고 있는 것입니다. 그것은 한 걸음 더 나아가기 위한 산고의 과정이니 절대 피하지 마세요.

자기 나침반 · · ·

혹시 우주가 우리에게 결정적인 단서나 가야 할 방향을 가리키는 나침반을 준다면 정말 도움이 될 것이다. 사실 나침반은 당신에게 있다. 그것을 발견하기 위해 당신은 다만 자기 내면을 바라 보고 자기 영혼의 가장 순수한 바람, 즉 삶에서 당신의 영혼이 꿈꾸는 것을 발견하기만 하면 된다.

— 디팩 초프라, 〈바라는 대로 이루어진다〉 중에서

우리는 자신이 원하는 대로 세상을 봅니다. 실제 보이는 것이 아닌 보고 싶은 것만 보는 것입니다. 이 세상을 우리가 원하는 대로 보이게 하는 법은 무엇일까요? 먼저 내가 진정으로 원하는 것을 찾아내야 합니다. 그것은 외부 세계에 존재하는 것이 아니라 우리의 내면 세계에 존재합니다. 그것을 발견하여 외부 세계에 투영할 때 외부 세계가 자신이 원하는 대로 보이고, 바뀔 것입니다. 자신이 바라는 대로 이루어질 것입니다.

자동차 내비게이션은 내가 가고자 하는 곳을 안내해주는 편리한 도구입니다. 하지만 목적지를 입력하지 않는다면 그것은 나의 현재 위치만 알려주는 단순한 지도에 불과할 것입니다. 우리는 내면에 인생의 내비게이션을 가지고 있습니다. 이제 여러분의 마음속을 들여다보고 진정으로 원하는 것을 찾아 입력하세요. 그러면 내비게이션은 바로 여러분이 원하는 곳으로 안내를 시작할 것입니다.

보물의 땅 · · ·

당신은 진정 새롭게 살아갈 수 있습니다. 그저 올바른 장소를 찾기만 하면 됩니다. 보물이 숨겨진 땅 위에 서 있다면 찾을 때까지 땅을 파내기만 하면 됩니다. 하지만 엉뚱한 장소에 서 있다면, 아무리 힘들게 깊게 파더라도 보물이 없다는 확신 외에는 아무것도 얻지 못합니다.

— 가이 핀리, 〈그물에 걸리지 않는 바람처럼 다 놓아버려라〉 중에서

우리가 어떤 곳에 있는지 어떤 일을 하고 있는지 제대로 알고 있는 사람은 많지 않습니다. 그저 내가 있는 곳보다 다른 사람들이 있는 곳이 더 좋아 보이고 다른 사람들이 하는 일이 좋아 보입니다. 그래서 나의 것보다는 남의 것에 더 신경을 쓰고 남이 하는 것을 따라 하려고 애를 씁니다. 하지만 진정한 보물은 남이 가지고 있는 것이 아닙니다. 남이 가진 것을 탐낸다면 그것은 도둑심보가 아닐까요?

보물은 남의 것을 훔쳐 얻는 것이 아닙니다. 만들어내는 것도 아닙니다. 나의 보물은 파묻힌 장소만 바로 안다면 쉽게 발견할 수 있습니다. 자기 땅에서 금광을 파낸 사람들의 이야기처럼 우리 인생의 금광은 의외로 가까운 곳 바로 내 발밑에 있을 수도 있습니다. 지금까지 다른 곳에서 금광을 파고 있나요? 그럼 이제 자신이 서 있는 곳에서 금을 캐 보세요. 지금의 일을 붙들고 승부를 한 번 내보세요. 어떤 금이든 그것은 캐는 사람의 몫일 테니까요.

불안 지우기 · · ·

여러분이 자꾸 '인생의 목표, 목표' 하기 때문에 인생이 괴로운 겁니다. 인생에 의미를 너무 많이 부여하기 때문에 인생이 불안하고 초조하고 괴로운 것입니다. 오늘 아침 한 끼 배부르게 먹었는데 무슨 인생에 불안한 일이 있습니까? 오늘 저녁에 떨지 않고 잘 곳이 있는데 뭐 그리 인생에 불안한 일이 있나요?

— 법륜, 〈행복한 출근길〉 중에서

그렇다고 해서 인생의 목표가 중요하지 않다는 것은 아닙니다. 목표 없는 인생은 목적지 없는 항해와 마찬가지이기 때문입니다. 하지만 목표가 없다거나 목표 자체가 어려워 불안해 한다면 차라리 목표에 대해서 깊이 생각하지 않는 것이 낫습니다. 인생 모두가 대단해야 하는 것은 아닙니다. 흔히 불행을 느끼는 이유는 우리의 현실 때문이 아니라 욕심 때문입니다. 이러한 욕심이 반영된 목표라는 것이 늘 우리를 불안하게 만드는 것입니다.

실패해도 남들보다 좀 늦고 돌아가도 괜찮습니다. 결과는 모두 같습니다. 생이 유한한 것들은 예외 없이 흙으로 변화한다는 것입니다. 모든 번뇌를 잠시 내려놓으면 새롭게 시작할 수 있습니다. 오늘 아침 식사했나요? 모든 번뇌에 대한 답입니다.

좋은 파트너 · · ·

인간관계는 쇼핑과 다르다. 인간관계는 좋은 파트너를 '선택'하는 일이 아니라, 좋은 파트너가 '되는' 일이다. 친구 사이에서도 그렇고, 연인 사이에서는 더욱 그렇다. 그런데도 사람들을 자꾸만 '밑지지 않는' 선택을 하려고 한다. 하지만 관계란 호혜적인 것이기 때문에 상대방도 밑지지 않겠다고 나오는 순간, 서로 행복할 수 있는 선택이 불가능해져 버린다.

— 김난도, 〈아프니까 청춘이다〉 중에서

요즘의 젊은이들은 파트너 선택도 쇼핑하듯 한다고 합니다. 신조어인 어장관리(연인이 아닌 이성과 동시에 교제), 간장남(상대 여성을 간만 보는 남자), 혼테크(결혼을 재테크 수단으로 활용) 등은 각종 행태로 여러 사람을 평가해서 파트너를 고른다는 말입니다. 하지만 그런다고 해서 결과가 좋은 것도 아닙니다. 내가 진정으로 사랑할 사람을 만나는 것은 평가로 되는 것이 아니기 때문입니다. 결혼 초기 이혼율이 높은 것도 같은 맥락일 것입니다. 그래서 성철스님이 생전에 주례 때 강조하신 것이 '남의 덕 보려고 결혼하지 말고 내 덕 보게 하려고 결혼해라!' 였습니다.

내가 먼저 베풀려고 하기 보다는 남이 베푸는 것을 먼저 얻으려고 하기 때문에 인간관계에 금이 갑니다. 사람의 욕심은 끝이 없어서 상대방이 주는 것은 항상 내가 생각하는 것보다 부족할 수밖에 없습니다. 하지만 반대로 내가 먼저 주려고 한다면 그것 역시 끝이 없을 것이고, 그 과정에서 한 없는 만족과 기쁨을 느낄 수 있을 것입니다. 이제부터는 남의 덕 보려고 하지 맙시다!

내어버림 · · ·

새로운 것을 도입할 때 반드시 필요한 것은 지금까지 지녀온 것들을 버리는 작업이다. 기존의 방식을 고수한 채로 새로운 것을 도입해봤자 진정한 변화는 요원하다. 과감하게 버렸을 때 비로소 변화는 이루어진다.

'버릴 수 있는 양'이 그 사람의 '변화할 수 있는 양'을 결정한다. 버릴 것은 과감히 버리고 새로운 자신의 모습을 받아들이라.

— 야스다 요시오, 〈만원짜리는 줍지 마라〉 중에서

우리가 앞으로 나아가는 것을 막는 것은 과거와 현재에 대한 집착입니다. 과거의 것을 잊지 못하고 현재의 것을 놓지 못하는 미련입니다. 그것이 무엇이든 새롭게 발전하기 위해서는 지금까지 가진 무언가를 버려야 합니다. 어떤 부족의 원숭이 사냥법을 아십니까? 원숭이 손이 들어갈 만한 큰 병 안에 원숭이가 좋아하는 먹이를 넣어 매달아 둡니다. 그러면 원숭이가 손을 집어넣어 먹이를 움켜쥐고 손을 빼지 못할 때 그대로 생포한다고 합니다.

가지고 있는 것을 잃는다는 것은 두려운 일입니다. 편안한 상태를 벗어나 새로운 것을 하는 것도 두려운 일입니다. 무언가를 잔뜩 움켜쥔 손으로는 새로운 것을 잡을 수 없습니다. 손에 쥔 것을 모두 내려놓으면 또 잡을 수 있습니다. 어떤 부자가 한쪽 다리를 다쳐 절단해야 할 지경에 이르렀습니다. 한 의사가 완치의 대가로 전 재산을 요구했습니다. 그 부자는 어떻게 했을까요? 돈은 또 벌 수 있습니다. 지금까지 해온 일이 있다면 계속 할 수 있습니다. 또 완치된 몸으로 새로운 일도 할 수 있습니다. 예전의 것들을 내려놓고 변화하기로 결심만 하면 됩니다.

자기 수양 · · ·

인생의 목적이란 무엇인가. 몇 번이고 말하지만 나는 인생의 목적이란 이 세상에서 지위나 명성이나 돈을 얻는 게 아니라, 자신의 마음을 조금이라도 아름답게 갈고 닦는 것이라고 믿고 있다.

— 이나모리 가즈오, 〈소오카의 꿈〉 중에서

유교의 〈대학大學〉에 하늘로부터 타고난 덕성을 되찾는 것을 먼지 낀 거울을 닦는 것에 비유하는 말이 나옵니다. 먼지 낀 거울이 사물을 제대로 비추지 못하듯 이 세상에 물든 사람은 타고난 덕성을 드러내지 못합니다. 이 본 모습을 찾는 것이 바로 자신의 마음을 아름답게 갈고 닦는 것 아닐까요? 그것은 순수한 나를 찾는 것입니다. 한 점의 불순물 없이 순수한 모습, 나의 가장 아름다운 모습을 회복하는 것입니다.

살다 보면 물욕, 정욕, 권력욕, 명예욕 등 인간적 욕망으로 더럽혀져 차츰 자신의 본 모습을 잃어갑니다. 이 모든 때를 벗겨 세상으로 다시 던져버려야 잃어버린 자신을 찾을 수 있습니다. 그리고 그런 모습이 바로 아름다운 마음입니다. 아름다운 꽃은 자랑하지 않아도 그윽한 향기가 피어납니다. 아름다운 자태만으로도 감동을 줍니다. 스스로의 아름다움으로 세상을 아름답게 변화시킬 수 있습니다. 세상이 아름다운 것이 아니라 세상에 꽃이 있어 아름다운 것입니다. 아름다운 우리가 있을 때 비로소 아름다움이 완성됩니다.

남의 평가 ∙ ∙ ∙

인간이 어떤 사람과 가장 깊은 관계를 갖게 되는 것은 그 사람이 자신을 제대로 이해하고 평가해줄 때다. 그런 사람은 어쩐지 좋아진다. 뻔해 보이는 인사치레에는 화가 나지만 다른 사람이 보지 못하는 점을 그 사람이 찾아주었을 때 좋아지게 되는 것 같다.

— 소노 아야코, 〈착한 사람은 왜 주위 사람을 불행하게 하는가〉 중에서

사람이라면 누구나 자기자신을 가장 소중하게 생각합니다. 그렇기에 나를 진정으로 인정해 주는 사람을 좋아하게 되고 평생 관계를 맺게 될 수도 있는 것입니다. 그럼 반대로 다른 사람과 좋은 관계를 맺는 방법은 무엇일까요? 다름 아닌 내가 먼저 상대방을 있는 그대로 인정하고 좋은 점을 찾아주는 것이겠지요. 진심을 보여준다면 상대방은 반드시 응할 것입니다.

남자는 자기를 알아주는 사람을 위해서라면 목숨까지 바친다고 합니다. 일본의 옛 무사시대 이야기입니다. 하지만 지금도 우리는 자기를 인정해 주는 사람을 위해서 어떤 어려운 일도 대신 해줄 수 있을 것입니다. 나의 가치를 알아주니 그 가치를 보여줄 수 있는 것입니다. 주변에 친구가 많나요? 그것이 바로 내가 다른 사람을 인정해준 증거입니다. 지금까지 내가 이유 없이 무시해 온 사람이 있다면 지금 바로 인정의 손길을 내밀어 보세요. 그가 바로 누구보다 소중한 친구가 되어줄 사람일지도 모르기 때문입니다.

나만의 정상 ···

삶에서, 모든 이가 다 에베레스트를 오를 수는 없다. 세상엔 얼마나 많은 봉우리가 있는가. 높든 낮든 상관없이, 내 본원적 그리움과 지향에 따라 '나의 정상'을 찾아내는 것이 만족감을 얻는 일차적 관문일 것이고, 그 다음엔 그것을 향한 나만의 길을 찾아내고 오르는 것이 성공으로 가는 이차적 관문일 것이다.

— 박범신, 〈산다는 것은〉 중에서

사람들은 새해를 맞이하면서 또 한 해의 목표와 계획을 세웁니다. 특히 직장 내에서는 경쟁적인 목표를 세웁니다. 비교 대상이 있기 때문입니다. 어떤 이는 더 많은 더 높은 성과를 내는 것이 목표였을 것입니다. 결국 이룬 것은 그 대상과의 비교 속에서 이루어졌던 것입니다. 그것이 직장을 벗어난 나 자신에게도 진정으로 의미 있는 것이었을까요?

경쟁적인 사회생활 속에서 남을 이기고 남보다 더 잘하는 것은 필요합니다. 그러나 꼭 남을 이기는 것만이 의미가 있는지는 생각해 볼 문제입니다. 우리에게 진정으로 기쁨과 만족을 가져다 주는 것은 경쟁에서 이김으로써 얻는 것이 아니라 우리가 스스로 정한 나만의 목표를 달성했을 때입니다. 지금부터라도 '내 봉우리'를 찾고 '나만의 길'로 스스로 오르는 기쁜 여정을 시작해 보기 바랍니다.

작은 일 반복 · · ·

어려운 일을 하려면 그것이 쉬울 때 해야 하고, 큰일을 하려면 그것이 작을 때 해야 합니다. 세상에서 제일 어려운 일도 반드시 쉬운 일에서 시작되고, 세상에서 제일 큰 일도 반드시 작은 일에서 시작되기 때문입니다.

— 노자, 〈도덕경〉 중에서

우리는 작은 일을 우습게 알아서 큰일로 만들고 그때가 되어서야 허둥지둥 정신을 못 차리게 됩니다. 호미로 막을 일을 가래로 막는 격입니다. 지금 당장 처리하면 아주 쉬운 일도 미루고 미뤄서 시간을 놓치는 경우도 있고, 처리하기 어렵게 되는 경우도 있습니다. 내일의 태양은 또 떠오른다고 태평한가요? 하지만 내일의 태양은 오늘의 태양이 아닙니다. 오늘의 태양이 비춰야 할 것은 내일의 태양이 비출 수 없는 것임을 알 때 미루는 습관을 없앨 수 있습니다.

인생의 성취는 작은 일을 꾸준히 하는 데서 이루어집니다. 아주 큰일을 한순간에 이룰 수 있는 초능력자는 없습니다. 위대한 예술가, 선수들도 하루아침에 큰 일을 이룬 사람들이 아닙니다. 매일 매시간 아주 작고 지겨울 수도 있는 연습과 숙달의 과정을 통해 어느 순간에 큰 인물로 성장한 것입니다. 김연아 선수가 연습하는 한 장면만 본다면 대수롭지 않을 것입니다. 그러나 그 대수롭지 않아 보이는 연습을 수백, 수천 번 반복하여 세계 최고의 선수가 탄생한 것입니다. 여러분은 대수롭지 않은 시간에 무엇을 하며 보내나요?

용서의 자유 · · ·

우리는 용서를 통해 마음에 상처입고 남은 부정적인 힘에서 벗어날 수 있다. 우리가 상대방을 용서하지 않으면 그는 계속해서 우리를 구속하고 지배한다. 용서란 그의 힘에서 헤어나는 것이다. 상처를 그에게 넘겨주고 상처에서 자유롭게 되는 것이다. 결국 용서는 상처 주위를 맴돌던 속박을 끊어준다.

— 안젤름 그륀, 〈인생을 이야기하다〉 중에서

우리는 우리가 준 것보다는 받은 것을 더 기억합니다. 그것이 나쁜 것이었을 때는 더 오래 기억하는 습성이 있습니다. 나쁜 것은 마음속에 담아두고 상처를 키워가는 것입니다. 반대로 나에게 상처를 준 사람은 상대적으로 그것을 덜 기억하기 때문에 그로 인해 괴로워하지 않습니다. 잘못을 한 사람은 아무렇지 않고, 피해 입은 사람은 마음이 불편한 것이 아이러니한 현실입니다.

다른 사람들로 인해 받은 상처를 마음속에 간직하고 사는 것은 자신의 영혼에 스스로 상처 주는 것입니다. 그것은 전적으로 나의 잘못입니다. 그 상처는 준 사람이 아닌 자신이 스스로 치료할 수 있기 때문입니다. 손을 조금 다쳐 피가 나면 약을 찾아 바르고 밴드를 붙입니다. 그런 작은 상처도 바로 치료하는데 왜 더 큰 상처는 방치하나요? 그것은 약을 알면서도 쓰려고 하지 않기 때문입니다. 마음에 상처가 있나요? 그 상처가 더 커지기 전에 용서를 붙여주세요. 상처는 아물고 내 영혼은 자유를 되찾을 것입니다.

차이 인정 • • •

　　사람들은 누구나 친한 사람들과 있을 때 편안함을 느낀다. 그래서 나와 생각과 행동방식이 비슷하고 공통의 관심사를 가진 사람과 어울리고 싶어한다. 나와 성격이나 생각이 다른 사람을 받아들이고 존중하는 일은 쉽지 않다. 단순히 '나는 나 너는 너'라는 식이 아니라 진심으로 서로의 다름을 존중할 수 있는 사람이 위대한 사람이다. 하지만 그보다 더 위대한 사람은 나와 전혀 다른 것을 적극적으로 찾고 수용하는 사람이다.

— 파울라 콕스, 〈마음의 평화〉 중에서

　　우리가 가장 벗어버리기 힘든 옷은 바로 나입니다. 모든 것이 나를 중심으로 생각하기 때문입니다. 이 옷을 입고 있는 한 다른 옷을 입은 사람을 인정할 수 없습니다. 이 세상은 나와는 분명히 다른 많은 사람들로 이루어져 있는데도 말입니다. 이 세상에 모두 나와 같은 생각을 가지고 같은 행동방식을 가진 사람들만 있다면 어떨까요? 모두가 똑같은 옷을 입은 세상은 더 이상 흥미롭지 못합니다.

　　나의 옷이 돋보이려면 나와 조금이라도 다른 옷을 입은 사람들과 어울려야 합니다. 똑같은 옷 속에 파묻혀 지내면 그렇게 중요한 나란 존재는 오히려 감춰집니다. 반대로 다른 옷을 입은 사람을 인정하고 어울릴 때 비로소 나란 존재도 인정받을 수 있는 것입니다. 멋진 옷과 어울리는 사람이 되세요.

벽을 돌파하라 • • •

문제는 열심히 노력하는 사람에게만 보이는 법이다.

따라서 다른 사람보다 세 배 열심히 일하면, 세 배 많은 문제에 부딪히게 된다.(중략)

열심히 노력한 사람만이 벽에 부딪힌다. 벽은 열심히 노력한 것에 대한 보상이다. 벽 뒤에는 한 단계, 때로는 몇 단계 올라갈 수 있는 계단이 마련 되어 있기 때문이다.

— 나카타니 아키히로, 〈에너지 스위치〉 중에서

일하지 않고 가만히 있으면 문제는 보이지 않습니다. 오히려 문제가 나를 먼저 덮쳐올 수 있습니다. 해야 할 일을 안 하니 문제가 보이지 않고 문제를 못 보니 문제가 나를 찾아올 수밖에요. 하지만 문제를 먼저 찾아다니면서 일하고 그 문제들을 해결해 나가면 계속해서 성장할 수 있습니다.

일이란 좋은 문제든 나쁜 문제든 문제를 만들고 그것을 해결하는 과정입니다. 그러니 일을 하면 항상 문제라는 벽에 부딪히게 됩니다. 회사의 경우에 일을 하면서 만나는 벽은 반드시 돌파해야만 합니다. 하지만 그런 강제적 압박 때문이 아니라 나의 성장을 위해 하는 것이라고 생각을 전환해 보는 건 어떨까요?

즐기는 여정 · · ·

많은 사람들이 낚시를 즐기면서도 자신이 진정으로 원하는 것이 물고기가 아니라는 사실을 깨닫지 못한다. 사람들은 삶의 전체 여정을 생각하지 않고 목적지에 도착하는 일에만 초점을 맞춘다.

— 존 요코하마 · 조셉 미첼리, 〈How? 물고기 날다〉 중에서

낚시를 즐기는 사람의 목적은 물고기를 잡는 것만은 아닐 것입니다. 어느 날 물고기를 한 마리도 못 잡았다면 그날의 낚시는 완전히 망쳐버린 것일까요? 그날의 과정에 따라 물고기를 한 마리도 못 잡았어도 즐거운 날이었을 수도 있고, 물고기를 많이 잡았어도 괴로운 날이었을 수도 있을 것입니다. 우리의 인생도 마찬가지입니다. 우리의 인생 여정은 누구나 죽음으로 마감됩니다. 그때 물고기 몇 마리를 손에 쥐고 있는가보다는 물고기를 잡으며 살아온 여정이 어떠했는가가 더 중요할 것입니다.

知之者 不如好之者 (지지자 불여호지자)
好之者 不如樂之者 (호지자 불여낙지자)

공자孔子는 〈논어論語〉에서 "알기만 하는 사람은 좋아하는 사람만 못하고, 좋아하는 사람은 즐기는 사람만 못하다."라고 했습니다. 끝이 정해져 있다면 그 여정을 즐겨야 하지 않을까요?

혼자만의 시간 · · ·

홀로 지내는 시간은 우리가 누구인지, 어떻게 느끼는지, 삶에서 무엇을 원하는지를 더 잘 이해할 기회를 제공한다. 우리는 더 견실한 존재가 될 수 있다.

— 마릴린 소렌슨, 〈자긍심〉 중에서

다른 사람들과 관계를 하면서 살아가는 것이 인간입니다. 사회생활이나 가정생활 속에서 우리는 타인에게 영향을 주고 또한 영향을 받으며 살고 있습니다. 시간이 흐르면서 우리의 모습은 사회적 모습으로 변해가고 자신의 참모습을 잃어가는 것이 현실입니다. 다른 사람들과 좋은 관계 속에서 함께 길을 걷다 보면 어느덧 나만의 길을 잃기도 합니다. 하지만 충실한 인생을 살기 위해서는 나만의 길을 되찾아야 합니다. 그러기 위해서 지금 함께 가던 길을 멈추고 혼자만의 시간을 가져보는 것이 필요합니다.

혼자만의 시간은 나를 되돌아보고 본 모습을 되찾는 시간입니다. 휴식하면서 삶의 에너지를 재충전하는 시간입니다. 그런 시간을 통해 긍정적이고 견실한 존재가 되면 사람들과 더욱 좋은 관계 속에서 살아갈 수 있습니다. 나의 긍정에너지는 다른 사람들에게도 전염되기 때문입니다. 주변 사람들 때문에 삶이 번잡하세요? 혼자만의 시간을 가져보세요. 그리고 그 시간에 자연스럽게 하게 되는 일에 집중해 보세요. 그 일이 나를 되찾아 주고 단련하는 소중한 일이 될 것입니다.

윗자리 오르기 · · ·

대학 졸업을 앞둔 학생 하나가 나이든 변호사를 찾아가 물었다.
"앞으로 어떤 일을 해야 할지 아직 결정을 못했습니다. 변호사 일엔 자리가 좀 있나요?"
"밑바닥에는 사람이 넘쳐나지. 하지만 위로 갈수록 자리가 남아돈다네."

— P.T.바넘, 〈부의 황금률〉 중에서

현대의 자본주의 사회는 치열한 경쟁사회입니다. 더군다나 전 세계가 하나의 경쟁권에 있다고 할 만큼 글로벌화가 이루어졌습니다. 블루오션 시장은 찾는 것이 어렵고, 찾는다 하더라도 순식간에 레드오션이 되는 것이 현실입니다. 어떤 시장에서든 최고가 아니면 살아남기 힘든 세상입니다. 조금이라도 돈이 된다 싶으면 너도나도 몰려들어 이제는 웬만한 전문직도 포화상태입니다.

하지만 어떤 일도 위로 갈수록 자리는 남아 있게 마련입니다. 그 자리는 물론 생존경쟁에서 살아남는 자의 차지가 되는 것입니다. 나의 일을 선택할 때는 그곳에 자리가 얼마큼 있을지는 물어볼 필요가 없습니다. 그보다는 내가 그 일에서 과연 최고가 될 수 있을지를 진지하게 고민해야 합니다. 지금 하고 있는 일에서 최고가 될 수 없다면 스스로에게 질문을 던져보세요. 지금 최선을 다하고 있는지 아니면 노력이 부족하지는 않은지.

패배의 힘 • • •

실수를 인정하기가 두려워 감당할 수 없는 상황을 계속 버티고 있으면 우울증이 생겨날 수 있다. (중략) 하지만 잘못된 선택을 하지 않았으면 얻지 못했을 경험을 했다고 받아들임으로써 자신을 탓하는 것을 멈추고 앞으로 나아갈 수 있다.

— 라라 호노스-웹, 〈우울증이 주는 선물〉 중에서

실수를 인정하면 고통스러운 감정이 따르기 때문에 두려운 것입니다. 하지만 그런 고통에 당당히 맞서 견디다 보면 두려움 없이도 사실을 인정할 수 있는 능력이 생깁니다. 이렇게 있는 그대로의 나를 인정해 나갈 때 우리의 앞을 가로막는 두려움의 지배로부터 벗어날 수 있습니다.

우울증 환자가 해마다 높은 수치로 증가하고 있습니다. 우울증에 대해 많은 연구가 있지만 대체로 긍정적인 사람들은 우울증에 걸릴 확률이 낮다고 합니다. 우울증은 자살과 같은 극단적인 결과로 이어질 수 있는 병입니다. 예방이 중요합니다. 긍정적인 태도를 기르고 유지하는 것이 좋은 예방법이 되지 않을까요?

내가 내민 손 • • •

물질의 기근도, 친구의 기근도 있다. 육체적 치유가 필요할 수도 있다. 가정의 평안이 절실할 수도 있다. 어떤 경우든 최선의 기근 탈출법은 자신의 필요에서 눈을 떼고 남의 필요를 채워 주는 것이다. 축 처진 어깨로 앉아 있지 말고 누군가 격려해 줄 사람을 찾으라. 행복의 씨앗을 뿌리라. 때가 되면 추수할 것이다.

— 조엘 오스틴, 〈내 인생을 바꾼 긍정의 힘 실천편〉 중에서

불행이 눈을 가리면 세상을 똑바로 볼 수 없습니다. 가깝게는 거리의 노숙자, 멀게는 아프리카에서 굶어 죽는 어린이들. 자신과는 아무 상관 없다고 생각합니다. 자신의 아픔과 고통이 가장 크고 자신이 세상에서 가장 불행하다고 느낍니다. 하지만 그것은 현실이 아닌 자신만의 생각일 뿐입니다. 세상에는 나보다 더 가난하고, 아프고, 심지어 죽음을 앞에 둔 사람들도 많습니다. 단 1초라도 그들을 생각한다면 나의 불행은 작아질 수 있습니다.

물질적으로 가진 것은 없어도 작은 사랑은 나누어줄 수 있습니다. 세상에는 나보다 더 어려움을 겪고 있는 사람들이 너무나 많습니다. 자원봉사자를 기다리고 있는 단체도 많이 있습니다. 그곳을 찾아 봉사활동을 시작해 보세요. 내가 내미는 작은 손길이 나의 마음에는 큰 일렁임으로 되돌아올 것입니다. 지금 가진 것이 많지 않아도 만족할 수 있고 남을 도와줄 수 있다는 존재가치도 느낄 수 있을 것입니다.

한 가지만 · · ·

지금까지 인류가 이루어 낸 모든 위대한 업적은 일을 다 끝마칠 때까지 오랜 기간 동안 성실하게 그 임무에 집중함으로써 얻어진 것이다. 가장 중요한 임무를 선택하고, 그것을 시작하고, 그 임무를 완수할 때까지 그 임무에만 성실하게 집중하는 능력이 성취도와 개인적인 생산성을 높일 수 있는 핵심이 된다.

— 브라이언 트레이시, 〈개구리를 먹어라!〉 중에서

'선택과 집중', '인내와 끈기'에 대해 되새겨 봅니다. 사람들은 연초에 많은 목표와 계획을 세우는데 연말이 되면 무엇하나 제대로 이루지 못한 경우가 많습니다. 무엇보다 문제는 이런 일을 매해 반복하고 있다는 것입니다. 그래서 아인슈타인이 "어리석은 짓의 정의는 계속해서 같은 일을 하면서 다른 결과를 기대하는 것이다."라고 했나 봅니다.

한 가지만 집중하여 실천해 보세요. 성공하는 사람의 유전자에는 열정, 확신, 배려, 겸손의 유전자가 공통으로 들어 있습니다. 이 중 '겸손'을 가장 먼저 실천해 보세요. 나를 먼저 가라앉히기가 참 어려운 일이지만 의식적으로 노력해 보세요. 그러면 자기도 모르게 남들보다 떠올라 있을 것입니다.

슬픈 뉴스 멀리하기 ···

우리는 누구나 마음이 슬플 때는 슬픈 정보를 수집해서 무의식적으로 자신의 변화를 추구한다. 만약 우울한 뉴스가 보기 싫다는 생각이 들면 그것은 당신이 현재 행복하다는 증거이고, 슬픈 뉴스는 자연스럽게 당신의 눈과 마음에서 멀어 질 것이다.

— 유키 유, 〈철드는 철분약〉 중에서

감정에도 '끌어당김의 법칙'이 작용합니다. 슬픔은 슬픔을 기쁨은 기쁨을 끌어당기는 것입니다. 슬플 때는 조금만 안 좋은 일이 있어도 슬퍼집니다. 기쁠 때는 웬만한 일도 다 웃으면서 넘길 수 있습니다. 우리의 감정을 억지로 조절하는 것은 쉬운 일이 아닙니다. 슬플 때 웃는 것이 쉽지 않듯이. 하지만 나쁜 감정을 유발하는 상황을 회피할 수는 있을 것입니다.

주변에 슬픈 일만 발생하고 슬픈 뉴스만 자꾸 보도된다면 우울해질 수 있습니다. 아무리 내가 즐겁더라도 그런 분위기를 쉽게 이겨내지는 못하게 됩니다. 따라서 의도적으로라도 슬픈 일, 슬픈 뉴스는 되도록 피하세요. 그것은 세상을 외면하라는 것이 아닙니다. 단지 나쁜 세상이 나를 나쁘게 물들이지 않도록 주의하라는 것입니다. 그리고 슬픈 뉴스가 좋을 사람은 없습니다. 그러니 열심히 귀담아듣지 마세요.

12강 - 아름답게 마무리 하기

10년 후에 | 소유하지 않는다 | 인생 흔적 | 인생 채점 | 나를 지워라 | 반대 자극 |
주붕 만들기 | 의심의 쐐기 | 현안 해결 | 의미 하나 | 나를 떠나라 | 이타심을 깨워라 |
주어진 길 | 세상 도우미 | 삶의 신천지 | 인생 후반전 | 인생보릿고개 | 뒷담화 |
죽을 때 후회 안 하는 방법 | 아름다운 마무리

10년 후에 ···

우리는 삶을 덜 심각하게 볼 필요가 있어. 경직되고 좌절을 느낄 때마다 이런 식으로 자문해 보게.

'10년 후에 어느 누가 그 문제를 신경 쓸까?'

만약 신경 쓸 사람이 없다면, 거의 사소한 일에 불과한 거지. 따라서 더 이상 그런 걸 걱정하면서 시간을 낭비할 필요가 없는 거야.

— 애덤 잭슨, 〈건강의 비밀〉 중에서

우리가 걱정하는 일의 96%가 실제로 일어나지 않고, 만약 일어나더라도 미리 손을 쓸 수 없는 일이라고 합니다. 또한, 걱정은 끊임이 없어서 꼬리에 꼬리를 물고 계속되기도 합니다. 시작과 끝을 알 수 없는 뫼비우스 띠 같습니다. 걱정만 하다 10년이 갈 수도 있습니다. 영국 극작가 버나드 쇼의 묘비명은 '우물쭈물하다가 이렇게 될 줄 알았지' 라고 합니다. 걱정과 염려로 세월을 보내지 말고 10년 후에도 중요한 일을 해야 하겠습니다.

아직 해결하지 못한 문제들이 많지요? 하지만 여러분이 가진 걱정이 10년이 지나서도 신경 쓸 문제가 아니라면 다 버리세요. 그러고 나서 생산적인 일에 에너지를 사용하세요.

소유하지 않는다 · · ·

우리들이 필요에 의해서 물건을 갖게 되지만, 때로는 그 물건 때문에 적잖이 마음이 쓰이게 된다. 그러니까 무엇인가를 갖는다는 것은 다른 한편 무엇인가에 얽매인다는 뜻이다. 필요에 따라 가졌던 것이 도리어 우리를 부자유하게 얽어 맨다고 할 때 주객이 전도되어 우리는 가짐을 당하게 된다. 그러므로 많이 갖고 있다는 것은 흔히 자랑거리로 되어 있지만, 그만큼 많이 얽혀 있다는 측면도 동시에 지니고 있다.

— 법정, 〈무소유〉 중에서

사물이나 사람에 대한 소유의 욕망은 집착을 낳고 그 집착으로 인해 우리는 스스로를 옭아매고 마음의 고통을 느끼게 됩니다. 그 집착을 포기할 때 생기는 장애가 바로 우울증입니다. '사랑했던 어떤 것을 포기하는 것과 관련된 느낌 우리 자신의 일부분이거나 또는 우리와 친근한 것의 일부분을 포기하는 것과 관련된 느낌이 바로 우울'(M. 스캇 펙)이기 때문입니다. 사실 소유할 수 없는 것을 소유하길 바라고 집착할 때 우울한 감정이 생기기도 합니다.

그런데 이 세상에 나의 것은 아무것도 없습니다. '공수래공수거'라는 말이 있습니다. 심지어 나의 몸조차도 이 세상에 사는 동안 잠시 빌리는 것이라고 생각합니다. 그러니 처음부터 가지지 않고 그럼으로써 집착하지 않는다면 자유롭고 건강한 삶을 누릴 수 있을 것입니다. 여러분은 지금 무엇을 가지고 있나요?

인생 흔적 · · ·

스베덴 보리는 이렇게 썼다.

"사람은 체형에 자기 인생을 기록한다. 그래서 천사는 사람의 신체를 보고 자서전을 읽듯 그 사람의 생애를 알아낸다."

— 오리슨 스웨트 마든, 〈미라클〉 중에서

사람은 나이를 먹으면서 살아온 인생이 얼굴에 나타난다고 합니다. 우리의 인생기록은 글로 써 놓지 않아도 우리의 몸에 새겨지는 것입니다. 살아온 생애가 아름다운 사람은 얼굴에 주름이 가고 야위어도 아름다워 보입니다. 얼마의 세월을 살았나요? 누구도 지나간 세월을 돌이킬 수 없고 몸에 남은 흔적 또한 지울 수 없습니다. 하지만 앞으로 남은 인생을 어떻게 사느냐에 따라 자기가 바라는 모습으로 변할 수 있습니다.

현재의 모습은 항상 과거와의 연장선에 있습니다. 마찬가지로 미래의 모습도 현재의 연장선에 있습니다. 현재 힘든 인생 기록을 가지고 있으면 과거의 시간이 여러분에게 복수한 것입니다. 이제는 당신이 복수할 차례입니다. 현재 주어진 시간에 이전에 못다 한 것까지 힘껏 복수하세요. 그럼 미래의 인생기록은 분명히 지금보다는 달라져 있을 것입니다.

인생 채점 · · ·

무엇인가를 하라. 그것이 우리들 본성의 법칙이다. 우리가 이 세상에 오게 된 무한하고 위대한 본성의 법칙이다.

당신의 인생이 끝났을 때, 당신의 생은 당신이 이룬 것과 그 이룬 것의 질로 평가된다. 그래서, 당신은 자신이 이룬 것에 오점을 남겨서는 안 된다.

— 허버트 뉴튼 카슨, 〈짧고 깊은 조언〉 중에서

무언가를 이루기 위해 너무 늦었다고 생각하나요? 하지만 아직 시험은 끝나지 않았습니다. 채점은 시험이 끝나야 하는 것입니다. 미리 좌절은 금물입니다. 시험도 끝나기 전에 채점하려고 하지 마세요. 아직 풀지 않은 문제는 많이 남아 있습니다. 문제는 그 문제들을 풀려고 하지 않는 것입니다. 그것은 틀릴 것 같은, 아니면 풀지 못할 것 같은 두려움에 회피하고 있는 것입니다.

우리가 마지막에 후회하는 것은 풀다가 틀린 문제가 아닙니다. 끝까지 풀지 못한 문제가 아닙니다. 바로 풀지 않은 문제입니다. 인생을 0점으로 끝내고 싶은 사람은 없을 것입니다. 그런데 인생 시험의 묘미는 틀린 문제와 풀었지만 답을 내지 못한 문제에도 부분점수를 준다는 사실입니다. 그러니 아무 걱정 말고 지금 당장 남은 문제를 풀기 시작하세요. 부디 나쁜 답만 쓰지 마세요.

나를 지워라 · · ·

"인생을 사는 데는 두 가지 길이 있습니다. 기억으로 사느냐, 영감으로 사느냐. 기억은 쉼 없이 재생되는 오래된 프로그램입니다. 반면 영감은 신이 여러분에게 주는 메시지이죠. 여러분은 영감을 받으며 살고 싶을 겁니다. 신의 목소리를 듣고 영감을 얻는 유일한 길은 모든 기억을 청소하는 것입니다. 여러분이 해야 하는 일은 정화입니다."

— 조 바이텔 · 이하레아카라 휴 렌, 〈호오포노포노의 비밀〉 중에서

과거의 기억은 우리를 안내하는 좋은 지도자가 될 수 있습니다. 하지만 미래의 일은 과거의 반복이 아닙니다. 예측할 수는 있어도 반드시 그대로 일어나지는 않습니다. 그리고 내일의 일이라도 일상적인 일들은 패턴화되어 있기 때문에 특별히 기억에 의존하지 않아도 됩니다. 진정으로 우리에게 필요한 것은 미래를 안내하는 좋은 지도자입니다. 그리고 그것은 이미 우리가 가지고 있는 것이 아닙니다. 우리 안으로 새롭게 들어와야만 하는 것입니다.

새로운 것이 마음속으로 들어오려면 그 자리는 비어 있어야 합니다. 쓰레기만 잔뜩 쌓여 있는 곳에 새 물건을 들여놓을 수 없습니다. 쓰레기들은 싹 치워져야 합니다. 우리의 마음도 깨끗이 청소되어야 새 마음을 얻을 수 있습니다. 그러한 마음의 정화를 통해 새롭게 태어날 때 건강하고, 평화로운 삶을 살 수 있습니다. 지금 삶이 정체되어 있나요? 앞은 안 보이고 답답한가요? 그렇다면 마음에 쓰레기가 넘쳐나고 있는 것입니다. 이제 지난 마음은 모두 지워버리고 새로운 영감에 귀를 기울여 보세요. 마음을 비우면 반드시 채워지는 것이 있을 테니까요.

반대 자극 · · ·

어둠이 삶을 침범할 때 우리는 비로소 빛에 가치를 부여한다. 갇힌 자가 되었을 때 비로소 참 자유가 무엇인지 이해한다.

죽음의 냄새가 코를 스칠 때 우리는 생명을 향해 발버둥 친다. 우리는 존재와 비존재가 교차하는 지점에 설 때에야 상실했던 목표를 다시 세우고, 삶에 다시 시동을 걸어 긴 여행에 나선다.

촛불을 꺼버린 바람이 바로 그 불꽃을 다시 일으킬 수 있음을 우리는 하루빨리 깨달아야 한다.

— 루이스 알렉사드레 솔라누 로씨, 〈길에서 만난 행복〉 중에서

일상적인 삶을 살 때 마주치기 싫은 것들은 생각하지 않고 살게 됩니다. 예를 들어 죽음이 그렇습니다. 그러다가 상갓집에 모이면 그때 서로 죽음에 대해 이야기하고 어떻게 살아야 할지도 이야기합니다. 평범한 삶 속에서 반대적인 자극이 주어지지 않으면 항상 같은 것만을 생각하며 살아가게 마련입니다. 우리는 하루하루 죽음을 향해 달려가고 있습니다. 매일 조금씩 죽어가고 있는 것입니다. 그런데 아이러니하게도 살려고 아등바등하고 있습니다.

누구나 죽음에 대한 두려움을 가지고 있습니다. 그 근본적인 두려움은 많은 행동을 제약합니다. 거기에서 파생된 작은 두려움들로 인해 해야 할 일, 하고 싶은 일을 못하는 경우가 허다합니다. 죽는다는 사실이 우리를 죽이고 있다니 아이러니하지 않으세요? 하지만 죽음에 대해 편안해질 때 비로소 삶에 대해서도 편안해질 수 있습니다. 죽음이 두렵지 않으면 살면서 무엇이 두려울까요?

주붕 만들기 · · ·

누구에게나 좀 색다르게 분류되는 친구가 있다. 술친구이다. 어울려서 술 마시기에 좋은 친구. 술 맛이 나는 친구. 이것저것 따질 것 없이 한 순간의 대작이 되는 친구. 술을 마시기 위해서 만나는 이런저런 친구의 총칭을 술벗 즉 주붕(酒朋)이라고 할 수 있겠다.

— 곽인호, 〈평범살기〉 중에서

 좋은 술친구는 어떤 친구일까요?

술을 좋아[사랑]한다. 주량이 보통 이상이다. 다양한 술을 즐긴다. 음식을 가리지 않는다. 술자리를 (2차, 3차) 끝까지 함께 한다. 뒤끝이 깨끗하다. 재미있다. 상대방을 배려한다. 술값 계산이 공정하다(분담 또는 한 번 얻어먹으면 다음에 산다).

가장 좋은 술친구는 다음 날 일어났을 때 좋은 기억을 주는 사람입니다. 술자리에서 기쁨과 즐거움을 주고 세상에 지친 마음을 위로해 주는 친구가 좋은 술친구입니다. 하지만 그 친구만 너무 좋아하게 되면 탈이 날 수 있습니다. 바로 건강을 해치는 것입니다. 그러므로 건강을 생각하고 다양한 활동을 즐기기 위해 다른 친구도 만들어야 합니다. 등산 친구, 여행 친구, 공연 친구, 신앙 친구 등 다양한 친구가 있습니다. 여기에 책 친구까지 만든다면 심신을 풍요롭게 발전시키는 가장 확실한 방법이 될 것입니다.

의심의 쐐기 · · ·

의심의 쐐기는 우리의 앞을 가로 막고 앞으로 나가지도 무언가를 시작하지도 못하게 방해한다. 예를 들면, '왜 멋진 미래를 위해서 굳이 목표를 세워야 하지? 나는 결국 성공하지 못할 텐데' 라는 생각이 의심의 쐐기다.

— 마이클 헤펠, 〈플립 잇〉 중에서

불안, 걱정, 두려움과 함께 의심도 발전과 성장을 가로막습니다. 쐐기처럼 깊이 박혀 있기 때문에 확실히 뽑아버리지 않으면 항상 발목을 붙들고 있게 됩니다. 새로운 일에 대한 결정이나 미래에 대한 판단에는 의심을 품는 질문들이 필요합니다. 하지만 그에 대한 해답이나 객관적인 정보가 얻어지면 의심하지 말고 Yes인지 No인지 과감하게 결단해야 합니다.

사람들은 한 일에 대한 후회보다는 하지 않은 일에 대한 후회를 훨씬 더 많이 하고 삽니다. 그러므로 성공확률이 51% 이상이라면 일단 도전하세요. 나중에 후회하지 않을 결정일 것입니다. 실패하더라도 거기서 또 배우면 되니까요. 여러분의 의심의 쐐기를 하나 뽑아보세요.

현안 해결 · · ·

우수한 사람은 '지금 무엇을 생각해야 하는지' 확실히 아는 사람이다. 다시 말해, 현안 사항*이 많은 사람은 곧 일을 잘하는 사람이라 할 수 있다. 현안 사항이 없거나 적은 사람은 준비된 안건 자체가 적으니 성과물도 기대하기 힘들다.

(*현안 사항: 마음에 걸린 일, 문제가 된 채로 결론이 나지 않았거나 미결 상태로 보류된 일)

— 사이토 다카시, 〈15분이 쓸모 있어지는 카페전략〉 중에서

일을 하다 보면 이것저것 미루고, 심지어 어떤 일들을 미루었는지조차 잊어버리곤 합니다. 그로 인해 더 큰일은 지체되고 심각한 과실이 발생할 수 있습니다. 원대한 목표는 작은 일들을 하나하나 실천해 감으로써 이룰 수 있습니다. 목표는 기한이 정해진 꿈이라고도 합니다. 그 기한을 지키려면 작게 쪼개진 중간 단계의 일들을 제때에 끝내야만 합니다. 항상 지금 할 일을 생각하고 실행해야 그 꿈을 이룰 수 있는 것입니다.

은행 이자도 아니고 미뤄둔 일을 복리로 돌려받지 않으려면 지금부터 그것들을 하나하나 처리해 나가야 하겠습니다. 중요한 것부터가 아니라 지금 당장 하지 않으면 안 되는 일에 우선순위를 두고 Step-by-Step 하면 됩니다.

의미 하나 · · ·

나이 드신 분들은 대부분 인간관계를 주도적으로 이끌지 못하고 쉽게 좌절한 것이 후회막급이라고 말했다. 이들은 두려움 없는 사랑을 못해봤다고 한결같이 입을 모았다. 또한 죽을 때가 되어 자신의 인생이 아무 가치도 없는 것이 아닐까 하고 두려워했다.

— 리처드 라이더 · 데이비드 샤피로, 〈마음이 가리키는 곳으로 가라〉 중에서

노인들의 뼈아픈 각성은 '후회'입니다. 하지만 다시 돌이킬 수 없는 것이 인생입니다. "만일 처음부터 다시 살 기회가 주어진다면 어떻게 하실 건가요?" 라는 질문에는 뚜렷한 발자취를 남겨 영원히 기억되도록 하고 싶다고 했습니다. '가장 슬픈 사람은 잊혀진 사람'이라는 말이 있습니다. 유명한 시에서처럼 '잊혀지지 않는 하나의 의미'가 되고 싶은 것이 사람의 욕망입니다.

한 해를 마무리할 때가 되면 많은 후회를 하게 됩니다. 연초의 결심은 기억조차 나지 않습니다. 남은 기간을 의미 있게 보내기 위해 아직 못한 것 작은 것이라도 한 가지 해야겠습니다. 다음 해에도 거창한 목표보다는 의미 있는 단 한 가지를 하는 것을 목표로 삼아 보세요. 앞으로 얼마를 살지 모르지만 어쩌면 그 한 가지가 다른 사람들이 나를 기억하게 해주는 것이 될 수도 있지 않을까요?

나를 떠나라 · · ·

자신을 한 발 떨어져 바라보는 가장 좋은 방법은 여행이다.

여행의 목적은 개인마다 다르지만, 여행은 직접 떠나보기 전에는 상상할 수 없을 만큼 인생에 크고 값진 선물을 안겨준다.

아주 낯선 곳에서 낯선 사람들과 만나는 시간은 자신을 완전히 다른 각도에서 바라보게 만든다.

— 이노우에 히로유키, 〈생각만 하는 사람 생각을 실현하는 사람〉 중에서

여행은 반복되는 생활에서 벗어나 새로운 경험을 하는 것입니다. 눈과 입이 즐거울 수도 있지만, 그보다 유익한 것은 우리의 뇌가 평소와는 다른 낯선 곳에서 신선한 자극들을 받게 된다는 것입니다. 그래서 우리는 여행을 통해 자신의 모습을 다르게 볼 수 있고, 생각도 다르게 할 수 있는 것입니다.

회사에서는 워크숍으로 가벼운 여행을 떠나기도 합니다. 단순한 기분전환이나 직원들끼리 추억 쌓기라면 시간 낭비, 돈 낭비가 됩니다. 하지만 새로운 아이디어를 만들어내고 변화의 계기로 활용한다면 이보다 값진 활동은 없을 것입니다. 여행이 부담스럽다면 가벼운 산책이라도 해보세요. 효과적인 시간이 될 것입니다.

이타심을 깨워라 •••

우리가 다른 사람의 선행을 보는 것만으로 내면에 잠재된 이타심을 끄집어 낼 수 있다는 사실은 반대로, 우리가 베푸는 작은 선행이 타인의 이타심을 깨우고 더욱 많은 사람들을 이타적 행위에 동참시킬 수 있다는 것을 의미한다. 한 사람 두 사람이 누군가의 이타심을 깨우면서 점차 그것이 확산되어 나갈 때 우리가 사는 세상은 점차 변하게 된다.

— EBS 제작팀 · 김지승, 〈인간의 두 얼굴〉 중에서

자선활동에 스타들의 참여가 필요한 이유는 우리의 동조의식을 좀 더 자극하여 이타심을 끌어낼 수 있기 때문에 입니다. 진심 어린 스타들의 봉사활동을 보면 도와주고 싶어집니다. 무리한 도움을 요구하지 않기 때문에 동참하는 것은 어렵지 않습니다. 한 사람 한 사람의 동참이 모여 큰 힘을 발휘하는 것입니다.

우리나라가 풍요로워지고 선진국의 반열에 오르면서 다른 나라를 돕는 위치에 서게 되었습니다. 그리고 국민수준도 높아졌습니다. 우리나라보다 잘 살고 국민감정까지 있는 일본의 어려움도 외면하지 않았습니다. 국내에도 아직 어려운 사람들이 많지만 우리나라도 어려울 때 국제적인 도움을 받았기 때문에 이제는 그 보답을 해야 하는 것입니다. 나 한 사람의 작은 손길이지만 여럿이 모여 가능한 것입니다. 그래서 나의 작은 행동이 우리가 사는 지구 세상을 변화시킬 수 있다는 것입니다.

주어진 길 · · ·

내게는 내게만 주어진 길이 있다. 하늘이 내려준 귀중한 길이 있다. 어떤 길인 지는 모르지만 다른 사람은 걸을 수 없다. 나만이 걸을 수 있는, 두 번 다시 반복해 서 걸을 수 없는 이 길. 넓을 때도 있고 좁을 때도 있다. 오르막도 있고 내리막도 있다. 벽으로 둘러싸여 사방이 안 보일 때도 있고, 비지땀을 흘리며 걸어야 하는 길도 있다.

— 마쓰시타 고노스케, 〈해야 할 일은 해야 한다〉 중에서

기쁨의 길이 있고 슬픔의 길이 있습니다. 행복의 길이 있고 불행의 길이 있 습니다. 사랑의 길이 있고 증오의 길이 있습니다. 좋은 소식은 나쁜 길이 끝까지 계속되지는 않는다는 것입니다. 우리 앞에는 좋은 길도 열리기 때문입니다. 그러 니 좌절해서도 안 되고 포기해서도 안 됩니다. 그 길이 끝날 때까지 계속 가야 합 니다. 비록 그 끝은 알 수 없지만, 끝에 도착해서 잘 걸어왔다고 말할 수 있도록.

세상에는 남의 길을 걷는 사람들이 많습니다. 본의 아니게 나의 인생을 살지 못하는 경우도 있습니다. 자식 뒷바라지입니다. 직장생활에 얽매여 눈코 뜰 새 없이 바쁠 수도 있습니다. 그러다 어느 날 남의 길에 서 있는 자신을 발견하는 순 간 내 길을 잃었다고 생각합니다. 하지만 내게 주어진 길을 언제든지 마음만 먹 으면 찾을 수 있습니다. 남의 길을 벗어나 보니 이제 미로인가요? 미로 안에서는 그 길을 찾기 어렵습니다. 그러나 그 위에서 보면 길이 환히 보입니다. 위로 올라 와 보세요. 멀리서 자신을 바라보세요. 비록 돌아가더라도 다른 길, 바로 나의 길 이 보일 것입니다.

세상 도우미 • • •

인생은 짧으므로 결코 생명을 낭비해서는 안 된다. 만약 어느 날 내가 하는 일이 세상에 아무런 도움이 되지 않는다면 침대에 누워 부끄러움에 잠들지 못하고 뒤척일 것이다.

— 지셴린, 〈다 지나간다〉 중에서

무인도에 혼자 사는 나를 상상해 보세요. 이때는 온갖 방법을 동원해 생존을 위해 무엇이든 할 것입니다. 그리고 그것이 나만의 세상을 위하는 일 자체가 될 것입니다. 그러나 우리가 태어나 사는 세상은 무인도가 아닙니다. 많은 사람들과 더불어 사는 세상입니다. 나만 혼자 잘 살려고 한다면 단 한 번의 인생이 끝날 때 나의 곁에는 아무도 아무것도 남지 않을 것입니다. 그때 가서 후회하면 이미 늦습니다.

우리가 세상을 돕는 길은 우리의 인생을 충실히 사는 것입니다. 우리도 세상의 한 부분이기 때문에 나의 몫을 다할 때 비로소 세상도 발전할 수 있습니다. 그리고 그 몫 중에는 반드시 다른 사람들을 위한 일이 포함되어 있어야 합니다. 세상과 나의 관계를 망각하고 서로 떨어진 존재라고 생각할 때 나는 내 마음대로 살게 됩니다. 다른 사람들은 눈에 보이지 않고 세상이 모두 내 것인 양 나만을 위해 살게 되는 것입니다. 마지막 순간에 혼자가 되고 싶나요? 그렇지 않다면 지금부터라도 세상을 도우며 살아야 합니다. 그것이 바로 세상과 하나인 나를 돕는 길이기 때문입니다.

삶의 신천지 ···

"신천지! 세상의 거대함만큼, 아무도 밟지 않은 미지의 영역만큼, 나 자신에게도 이제껏 알지 못했던 새로운 가능성이 숨어 있다는 걸 잊지 말게나. 꿈이란 지금껏 갖고 있던 것만으로 실현하는 것이 아니네. 오히려 알지 못했던 내 삶의 신천지를 발견하는 과정이기도 하지."

— 유영만, 〈용기〉 중에서

꿈은 현실 너머에 있습니다. 무엇보다 시간적으로 상당한 간격을 둔 미래를 전제로 하고 있습니다. 내일 할 일을 꿈이라고 하지는 않습니다. 하루 아침에 이루어지는 것은 꿈이 아닙니다. 그럼 먼 미래와 현재 사이의 시간적 간격이 필요한 이유는 무엇일까요? 그만큼 중간 과정이 필요하다는 이야기입니다. 없는 것을 갖추어야 하고, 새로운 것을 만들어내는 노력을 하는 시간이 필요한 것입니다.

현재의 나로서 이룰 수 있는 일을 꿈이라 하지 않습니다. 나의 발전이 포함되지 않은 꿈이란 있을 수 없습니다. 현재까지의 내가 아닌 새로운 나를 발견하고 발전시켜 나갈 때 꿈에 한 발짝 다가설 수 있는 것입니다. 그래서 꿈을 꾸는 사람은 항상 자신을 살피고 부족한 점을 채우기 위해 노력하고 무엇보다도 포기하지 않습니다. 나아가기를 멈추는 순간 꿈은 깨지기 때문입니다. 꿈을 이루는 것은 어느 누구도 어떤 무엇도 아닌 바로 나 자신입니다. 꿈과 나 사이의 간격을 채워 가세요. 꿈은 이루어집니다.

인생 후반전 · · ·

　　어떤 분야에 있어서도 40세가 되기 전에 창조력을 최대한으로 발휘한 사람은 극히 드물다. 보통 사람들이 창조력을 충분히 발휘할 수 있는 것은 40세에서 60세 사이이다. 이것은 수천 명의 남녀를 주의해서 분석한 결과 밝혀진 사실이다. 그러므로 40세까지 실패를 한 사람이나 40세를 지나 이제 늙었다고 비관하고 있는 사람들은 희망과 용기를 갖기 바란다.

— 나폴레온 힐, 〈놓치고 싶지 않은 나의 꿈 나의 인생 1〉 중에서

　　상상력은 경험과 지식을 새롭게 조합했을 때 탄생하는 것입니다. 나이가 들면서 몸은 쇠퇴해가겠지만 생각은 녹슬지 않습니다. 오히려 어느 시기가 되면 그동안 쌓인 것이 분출되어 최고의 상상력을 발휘합니다. 나이가 들었다고 스스로 포기하고 안주하는 사람에게는 더 이상 상상력이 생기지 않습니다. 신체와 마찬가지로 생각도 함께 쇠락의 길로 접어들게 되는 것입니다.

　　한편 새로운 창조의 힘을 위해서는 머리뿐만 아니라 몸도 관리해야 합니다. 신체가 건강해야 좋은 생각도 많이 할 수 있습니다. 그리고 적당한 운동은 두뇌 활동을 촉진시키는 효과가 있습니다. 앉아서 공부만 하기보다 가벼운 운동을 병행할 때 기억력이 증대한다는 연구결과가 있습니다. 사람은 40세를 넘으면서 신체의 변화가 오기 시작합니다. 몸이 차분해집니다. 하지만 이때 몸도 마음도 해이해져서는 안 됩니다. 몸은 적게 움직이되 생각을 많이 하면 누구보다도 창조적인 인생 후반전을 치를 수 있을 것입니다.

인생보릿고개 · · ·

새로운 은퇴설계는 재정적 측면에서 보면 은퇴 이후를 위해 돈을 얼마를 모아야 하느냐(Stock 개념)에서 은퇴 이후에 돈이 고정적으로 얼마가 나오고 또 일을 통해서 얼마가 나올 수 있느냐(Flow 개념)으로 변하는 것이다.

— 오윤관, 〈행복 은퇴〉 중에서

기존의 은퇴계획은 은퇴 후에 생활비가 얼마가 필요한지 예상하고 은퇴까지 얼마를 모아야 한다는 것이었습니다. 이 계획에 따르면 우리는 단지 금전적인 측면만 생각하고 우리가 은퇴까지 무엇을 이루고 은퇴 후에 무엇을 할 것인가를 간과하게 됩니다. 노후생활에 충분한 돈을 모을 수 있다면 상관없지만 어려운 것이 현실입니다. 더군다나 건강한 상태로 평균수명이 늘어나기 때문에 은퇴 후에도 계속 일을 할 수 있도록 미리 준비해야 합니다.

연령에 따라 60~65세에 국민연금 수령이 시작됩니다. 은퇴 후 그때까지를 표현하는 말이 '연금보릿고개'입니다. 앞으로 55세부터 65세까지가 이에 해당합니다. 그 기간 동안 생활비는 물론이고 자녀 결혼비용이 발생하기 때문에 어렵게 보내게 됩니다. 국민연금과 개인연금을 충분히 준비한다 하더라도 이 보릿고개를 넘을 대책은 따로 세워야 합니다. 그리고 무엇보다도 은퇴 후에도 제2의 경제활동을 하는 것이 가장 좋은 대책입니다. 건강관리만 잘한다면 55세에서 65세까지의 나이는 정말 숫자에 불과합니다. 보릿고개가 곧 보이나요? 반드시 준비하세요. 그러면 고개를 넘을 때쯤에는 작은 언덕이 되어 있을 것입니다.

뒷담화 · · ·

남을 헐뜯는 사람은 그 자신이 내면에 열등감을 갖고 있다. 그래서 남을 자신보다 더 못난 존재로 깎아 내리려 애쓰는 것이다. 그렇게 하면 자기 자신은 '그나마 나은 사람'이 되는 셈이니까 말이다. 하지만 현명해지길 바란다. 그런 방법은 통하지 않는다.

— 록산 에머리크, 〈월요일의 기적〉 중에서

사람들은 대부분 자신과 가까이 있는 사람들과 경쟁을 합니다. 학교에서는 같은 반 친구들, 회사에서는 같은 팀 동료들입니다. 정당한 경쟁은 오로지 실력 발휘와 결과를 통해서만 이루어집니다. 바로 옆 사람보다 나으려고 부정적인 방법을 동원하는 근시안적인 행동은 큰 발전을 가로막고 안일함에 빠지게 합니다. 다른 사람들을 헐뜯고 욕해서 깎아내리려도 내가 더 올라가는 것은 아닙니다. 스스로 실력을 높여야 합니다.

헐뜯고 뒷담화를 일삼는 구성원이 있는 조직은 제대로 된 성과를 낼 수 없습니다. 반 전체의 성적, 팀 전체의 성과가 갈수록 떨어지는 현상이 일어납니다. 학교나 직장에서의 발전은 서로를 격려하고 서로에 대해 감사할 때 이루어집니다. 사람은 누구나 남이 위하고 인정해줄 때 더 나은 성과를 만들어낼 수 있기 때문입니다. 칭찬에 강해지는 동물입니다. 남의 뒷담화를 하는 사람은 자신이 뒷담화의 주인공이 된다는 것을 기억하세요. 항상 칭찬하고 좋은 얘기를 하세요. 그것이 진정으로 내가 높아지는 길입니다.

죽을 때 후회 안 하는 방법 · · ·

누구나 하고 싶은 대로 사는 인생을 갈망한다. 하지만 실제로 그런 삶을 사는 사람은 많지 않다. 수많은 사람들의 죽음을 지켜본 나로서는 마음 내키는 대로 산다는 것이 결코 사람의 도리에 벗어나는 일이 아님을 깨달았다. 마음의 소리에 귀를 기울이지 않고 남의 눈치만 살피며 가슴에 참을 인(忍)자를 새긴 사람들이 훗날 죽음을 앞두고 가슴 치며 후회하는 광경을 많이 봐왔기 때문이다.

떠나야 할 때가 되면 모두 비슷한 말을 남긴다.

"인생, 정말 눈 깜짝할 사이에 지나가네요."

그렇다면 '그 짧은 시간' 동안 자신이 진정으로 원하는 일을 했는지, 혹은 하고 있는지 여유를 내어 곱씹어볼 필요가 있다.

— 오츠 슈이치, 〈죽을 때 후회하는 스물다섯 가지〉 중에서

모든 사람은 죽음의 문을 피할 수 없습니다. 죽음이 있다는 것은 이 땅에서의 삶에 끝이 있고, 누구에게나 '마지막'이 있다는 뜻입니다. 이 세상에 오는 것은 순서가 있지만 가는 것은 순서가 없다는 말도 이러한 '마지막'이 언제 어떻게 다가올지 모르기 때문에 생겨난 말입니다. 따라서 하루하루 최선을 다해 살아가는 것이 마지막을 잘 준비하며 살아가는 것입니다. "당신에게 단 하루가 남아 있다면?" 이러한 질문 앞에 사람들은 진짜 하고 싶은 일을 했더라면, 조금만 더 겸손했더라면, 친절을 베풀었더라면 등의 후회를 쏟아낸다고 합니다. 죽음을 앞둔 이들의 후회는 그들이 가지지 못한 '시간'을 가진 남아 있는 자들에게는 삶에 있어서 중요한 이정표임을 명심해야 합니다.

아름다운 마무리 · · ·

올바르게 끝맺을 능력이 없다면, 작은 일에도 허둥대고, 원하는 목표와 꿈에 도
달하지 못하게 될까 늘 전전긍긍하고 불안해할 것이다. 하지만 그보다 더 좋지 않
은 것은 아무런 끝맺음도 없이 모든 것을 껴안은 채 옴짝달싹 못하는 모습이다.

— 헨리 클라우드, 〈끝맺음에 서툰 당신에게〉 중에서

많은 책을 읽기 위해 여러 권의 책을 동시에 읽는 사람이 있습니다. 그러면
끝까지 읽는 책도 있고 그러지 못하는 책도 있을 것입니다. 하지만 몇 달마다 다
읽지 못한 책들은 그 상태로 끝내 버려야 합니다. 그래야만 다른 새로운 책들을
계속해서 읽을 수 있습니다. 해야 할 일은 오랫동안 붙들고 있지 말아야 하며 진
척이 없을 때는 과감하게 정리하고 새 일을 시작해야 합니다.

새로운 여정을 떠나기 위해서는 가방을 비우고 새로운 물건을 채워야 합니다.
새로운 시작이 있으려면 묵은 것의 끝맺음이 있어야 합니다. 올해는 무엇을 이루
었고, 아직 무엇을 이루지 못했나요? 이것저것 붙들다 하나도 제대로 못 이루지
는 않았나요? 이제는 올해 할 일을 적은 목록에서 많은 것을 지워버려야 할 때입
니다.

부자가 되기 위한 욕심보다 독서로 더 많은 지식을 취하라.

부는 일시적인 만족을 주지만,

지식은 평생토록 마음을 부자로 만들어준다.

막다른 길은 아니다.
다만 바로 앞이 낭떠러지다.
나는 지금 벼랑 끝에 서 있는 것이다.
게다가 유턴 금지.
되돌아가기엔 늦었다.
계곡을 건너 저편 능선을 올라타야 한다.

여기가 끝은 아니다.
새로운 시작은 저편에 있다.
저편으로 가도 고통이 끝나는 것은 아니다.
새로운 고통의 시작이 있을 뿐이다.
위로가 되는 건 시작이 있으니 끝도 있다는 것이다.
옳은 길에 들어서는 것이라면 그 끝은 정상일 것이요,
그것이 아니라면 또 다른 벼랑이 나를 기다리고 있을 것이다.

이제 이 앞의 벼랑에서 뛰어내릴 것인가?
이제 그만 두 발을 멈추고 여기서 주저 않을 것인가?

벼랑 끝에 선 심정이라. 앞으로 나아가지도 뒤로 물러서지도 못하는 그 자리에 서 있는 누구에게라도 벼랑에서 뛰어내려 날아볼 수 있는 용기를 주는 선물은 바로 책입니다.

이 책 속의 수많은 메시지들은 지인과 고객에게 보내는 편지글과 실제 대화에 활용한 것을 새롭게 엮은 것입니다. 또한 회사의 월요일 조회 시 직원들에게 동기부여, 개인적인 스크랩, 설교 주제, 금주의 실천사항 등 다양하게 활용하였습니다. 그렇게 저와 지인들을 이어주는 끈, 인맥의 끈 역할도 해 주었습니다.

좋은 이야기를 들려주는 것은 사람들에게 감동을 주고 사람의 마음과 행동을 움직이게 하는 힘이 있습니다. '펜이 창보다 강하다'라고 하지요? 이것이 글의 힘이기도 합니다. 사람이 사람을 변화시킬 수는 없습니다. 하지만 글을 읽는 사람으로 하여금 스스로 변화할 수 있는 힘을 줍니다.

여러분도 이 책을 아침마다 읽으면서 변화의 메시지로 삼았으면 합니다. 하나의 습관을 온전히 내 것으로 만드는 데는 66일이 걸린다고 합니다. 약 10주에 걸쳐 이 책의 메시지들을 나를 변화시키는 습관으로 만들어보세요. 변화는 절대 하루아침에 일어나지 않습니다. 하지만 변화하겠다고 결심한 순간부터 시작됩니다. 10주 후부터 긍정적으로 변화되어 가는 여러분의 모습을 기대합니다.

성공의 법칙에서 가장 중요한 것 중의 하나가 목표설정입니다. 이루고자 하는 꿈이 없다면 무한한 노력도 소용 없습니다. 자신의 명확한 목표가 있어야 그것을 이루기 위한 행동도 있고, 내가 움직이면 세상도 함께 움직입니다. 이 책은 바로 그 목표의 힘을 보여주는 실제적인 증거입니다.

한 사람의 노력으로 모든 것을 완성하기에는 어렵습니다. 부족한 글의 가치를 알아주고 힘을 보태준 나의 벗인 김창수 공동 저자에게 감사를 표합니다. 매주 편지글을 읽어주시고 격려해 주신 모든 지인과 고객에게도 감사 드립니다.

반포에서 저자 최 영 환

쉿! 나를 깨우세요

초판 1쇄 발행 2012년 06월 11일

지은이 최영환 · 김창수
편집총괄 호혜정
교정교열 호혜정
기획 김지현
표지/본문디자인 강희연

펴낸곳 리텍 콘텐츠
출판등록 2011월 6월 28일 제 2011-000200호
주소 서울시 강남구 역삼동 738번지 KS빌딩 305호
전화 02-2051-0311 팩스 02-6280-0371
홈페이지 www.ritec.co.kr
인쇄 현문
ISBN 978-89-967036-1-7 (13190)

· 잘못된 책은 서점에서 바꾸어 드립니다.
· 책값은 뒤표지에 있습니다.